KB253696

문예신서
296

대화의 기술

알랭 밀롱

공정아 옮김

東 文 選

대화의 기술

Alain Milon

L'ART DE LA CONVERSATION

차 례

이 책은 몇 년 전 조르지오 파세로네의 지도하에 유럽 대학에서 이루어진 대화 관련 세미나에서 가진 일련의 토론회의에서 태동한 내용이다.

여기에서 우리는 우리의 관점과 공통의 핵심 노선들을 두루 접목시키고자 하였으며, 또한 질 들뢰즈의 표현을 빌리자면 철학에 의한 철학에서 출발하자는 공동의 염원을 실현하는 계기가 되었다.

생 말로, 1998년 11월

최악의 독서 방식이 책을 통해서만 아는 것처럼, 사람들이 보통 실행에 옮기는 것과 같은 토론이야말로 대화에 있어 최악의 경우이다. 좋은 대화란 많은 동행을 기대하지 않는다. 왜냐하면 사람들은 거의 듣지 않고 말의 중단이 계속되므로.

J. 스위프트, 《유머집》, 파리, 1861

견해를 가진 이 가금의 대화를 듣는다.

알랭 슈숑, 《가금의 노래》

의사소통이 없다면 우리는 아무것도 될 수 없을 것이고, 범죄에도 무방비 상태가 될 것이다.

조르주 바타유, 《니체에 관하여》

머리말
소시아블[1]로 하는 산책

대화의 기술에 대한 접근 방식은 유쾌한 마음으로 승객들이 마주 앉아서 가벼운, 때로는 심오한 대화의 순간을 나누던 8마력의 최고급 마차 **소시아블**을 타고서 하는 드라이브와 같은 방식으로 이루어지게 될 것이다. 뒤로 앉은 경우가 아닌 두 승객이 서로 나란히 앉는 이 이륜차를 **소시아블**이라 명명하였던 것처럼 당연히 이 마차에는 **소시아블**의 수식어도 함께 부가된다. 사람이 위치하는 장소가 담화 형태를 결정하는 것은 사실이다. 등을 보고 앉았는지, 혹은 마주 보고 앉은 것인지에 따라서 동일한 방식으로 말하는 것이 아니라는 것 또한 사실이다. 사교적인[2]과 사회적인, 이 두 형용사간의 선택에는 사교성이나 사회 관계에 의해 규정되는 사실에 따라서 공동체 삶의 미덕이 변한다는 것을 보여주려는 의도가 있는가?

대화하는 이 순간에 생기는 미묘한 차이를 파악하고자 한다면 여러 단계의 **소시아블**로 하는 산책을 고려하지 않을 수 없을 것 같다. 이 산책에서 우리에게 도움이 되는 **대화**란 단어의 지형학적 배치표

---

1) sociable: 대화 상황을 조장하는, 보통 2,3개의 좌석을 갖춘 sociable · confident · indiscret의 그림. (210쪽 참조)

에 잠시 멈추도록 하자.

대화(dialogue): 중개, 뒷거래, 협상, 토의, 흥정, 토론, 심의, 모임, 언쟁, 논쟁, 잡담, 감언이설, 진술, 과장, 빈말, 객설, 수다, 장광설….

회견(interview): 회담, 면담, 대담, 미팅, 논평, 설명, 교화….

회의(conférence): 강연, 토론, 담화, 토의, 학회, 연설, 의견 교환, 심의, 의결, 회합, 집회….

만남(rencontre): 면담, 밀담, 잡담, 수다, 정보, 진술, 사담, 화제, 한담, 담판, 연회, 횡설수설, 허풍….

소문(rumeur): 비방, 험구, 풍문, 뒷공론, 잡담, 쑥덕공론, 수군거림….

대화(conversation)라는 단어와 동의어 원칙에서부터 설정된 이런 지형도는 다양한 정향을 드러낸다. 첫번째는 가장 일반적인 형태로서 의사소통에 관한 통상적인 도식들을 답습한 대화의 개념을 나타

---

2) 본 내용에서 의사소통과 대화를 동일한 등록부에 두지 않듯이 '사교적'과 '사회적'은 대립되는 개념으로 쓰인다. 대화가 사교적인 면을 표출한다면, 의사소통은 사회적 원칙을 내세운다. 제I장에서는 의사소통이란 말의 어원에서부터 시작해서 **의사소통-교환-사회적/대화-공유-사교적** 간의 대립에 대하여 규정할 것이다. 사실 사회적/사교적 두 개념 간의 혼동은 사교성의 원칙들과 사회적 관계 속에 내재하는 혼동이고, '붙임성이 좋은' '우호적인' '사회성이 있는' '군집을 이루어 사는' 등으로 너무나 쉽게 사람들이 정의하는 형용사 '사교적'의 속어화에서 비롯된 것이다. '사회적인'의 자리에 '사교적인'의 뜻을 보는 것은 흔한 일이다. 즉 사회 속에서 사람들이 살도록 만드는 원칙으로서, '사교적'과 사회에서 살 수 있는 능력으로서 '사교성'이 있다. 동시에 '사회적'과 사회적인 관계의 특징은 모두 총체적으로 사회적인 생활——사회를 구성하는 현상과 관계들, 즉 슈츠의 범주를 빌리자면 사회적인 행동의 세계——에 속하는 것이다. 우리는 제I장에서 지멜이 형식적 개념이 무의미하고 외재적인 원칙이 아닌 칸트가 자신의 《판단력 비판》에서 구상한 것처럼 목적 없는 합목적성, 즉 특이하고 특별한 관심이 없는 표현으로 정의한다는 조건에서의 **상호적인 행동 형식**과 **사회화의 놀이 형식**이 되는 사교성을 구체화하기 위해 어떻게 형식적 원칙의 개념을 부가하는지를 보게 될 것이다.

낸다. 대화는 협상이나 흥정(대화, 토의, 토론, 협상, 타협)이 되도록 의사소통의 형식적인 의례들을 배치한다. 두번째는 대담이나 회견 시 연출되는 것과 같은 상호 작용이란 개념을 상기시킨다. 대화는 대담(인터뷰, 미팅…)의 테크닉을 전제로 하는 방법론적 특색을 내 포하고 있다. 세번째는 지식의 전달이라는 이해를 시사한다. 이런 경우 대화는 지식의 관계 확립에 해당된다. 대화는 회합이 지식의 의례(회담, 토론, 담화, 토의, 심의)에 대하여 토의하는 강연이 되어 버린다. 그리고 문화 공간이 결정적 요인이다. 네번째는 바로 대화 에서 자신의 관심사가 상호 관계, 세련된 매너, 여흥의 분위기를 만 들어 내는 것이다. 앞서 규정한 의미에서의 사교성의 계기들을 대화 하는 순간에 찾는 것이다. 대화는 친목이나 파티·수다(한담, 잡담, 지루한 이야기, 가벼운 잡담)의 장소가 되어 버린다. 다섯번째는 소 문과 잘못된 정보 확산의 장소가 되는 것이다. 대화는 쑥덕공론이 나 비방(이를테면 잡담이나 험담)으로 변한다.

이와 같은 대략적인 지형도를 마티스는 1908년 그림 《대화》(212 쪽 참조)에서 연출해 보였다. 그 그림은 대화 공간과 여러 가지 모습 을 간결하지만 완벽하게 보여주고 있다. 독특한 제목, 경직된 인물, 생략된 배경들, 그러나 다양한 형식의 대화, 다양한 형식의 침묵, 이 모든 것이 이 장소에서 이야기되고 있다. 전체적으로 경박함보다 는 좀더 엄숙함을 나타내고 있다. 그림의 대화는 자신의 말로 숨막 혀 하는 것처럼 보인다. 이런 긴장에서 두 인물은 사람들이 가지려 고 원했을지도 모르는 불가능한 대화만큼 **예고**의 방식으로 침묵을 그들의 자세로 요약해 보여주고 있다. 마티스의 그림은 시간 밖의 순간, 즉 모든 가능성뿐만 아니라 관계의 불가능도 즐기는 순간을 예상하게 한다. 이런 장소에서 대화가 이루어졌는지, 혹은 이루어질 것인지, 그것이 가능하기라도 한 건지 사람들은 결코 알지 못한다. 그러나 대화와 그림에 대한 매력을 만들어 주는 모든 것은 인생의 매순간에 대화가 거기에, 단순히 거기에 있다는 것을 전제한다는 사실이다. 대화는 실제로 첫번째 제 목적을 찾아냈다. 즉 개인보다 우월하거나 그 자체로 하나의 목적이 되도록 만드는 것이 아니라, 대화에서 중요한 것은 반대로 **신사**[3]의 섬세함과 관련이 있음을 보여주는 것이다. 마티스는 그것을 단순한 대화의 사교 세계와 관계 맺고 있는 열린 창문이라는 교묘하게 구성된 배경 속에서 그려내고 있다.

두 공간은 직선과 수직으로 이루어진 남자(마티스)의 공간과 곡선과 둥글게 표현된 여자(마티스의 부인)의 공간이 대조되어 있다. 남자의 정지된 공간은 그림(구도상 왼쪽 4분의 1에 해당)의 닫힌 부분에 해당한다. 그녀의 팔은 대화의 또 다른 공간을 정하는 열린 창 쪽으로 우리의 시선을 이끌고 있다. 여자의 역동적 공간(앉아 있는 마티스 부인의 오른팔로 경계가 그어진)은 그림에서 열린 부분에 해당한다. 마티스 부인의 공간은 전체적으로 그려지고 완성(머리에서 발끝까지 표현되어 있다)되어 있다. 반면 마티스가 차지하는 공간은 미완성(인물의 발이 잘려 있다)으로 되어 있다. 마티스는 자기 나름의 여러 관점을 그려내고 있다. 첫째는 남자와 여자 사이의 통상적인 대

---

3) 여기에서 쓰인 homme의 의미는 16세기에 사용했던 것과 같은 honnête homme(신사)의 의미로 이해하면 된다. 즉 모든 것에 호기심이 많고, 타인을 배려하고, 양식이 있으며 도그마가 없는 개인을 가리킨다. 하이데거식의 인간성은 근원적인 근심(죽음)과 고뇌(자유로운 제 존재에 대한 표명)의 두 가지 방식으로 해석이 된다. 그 완전한 고독감(이런 포기의 자각)이 이런 진실성(대자적 존재에 대한 재발견)에 대한 추구와 익명의 사람들(on)에 대한 **폭군 없는 속박**에 대항하는 유일한 수단, 즉 참-실존에의 회귀를 나타낸다.

립이다. 둘째는 인물들이 말한다는 인상을 주지 않고 뚫어지게 서로를 바라보기 때문에 대화의 성격에 대해 고찰하게 한다. 셋째는 방문객들에게 대화가 예고하는 공간의 유형이 침묵의 공간인지, 차갑고 굳어 있는 의사소통이나 **미래의 말**의 공간인지 어떤지를 자문하도록 유도한다. 남성의 선적인 공간은 여성 신체의 둥그스름함에 대응되지만, 바로 그 점이 의사소통과 대화 사이의 차이란 말인가?

여러 다양한 형태의 대화에 대한 완벽한 꼴을 여기에서 제공한다고 주장하지 못한다면 대화는 일상 생활의 단순한 쾌락의 순간, 즉 일종의 삶의 실용학에 그친다. 이런 상황에서 나는 철학이나 문학적 대화에는 관심이 없다. 왜냐하면 이런 표현은 문학적 실천에 속하는 글쓰기 태도를 전제하기 때문이다. 말하자면 나는 사교적인 공간을 표출하는 모든 순간, 윤리적·철학적인 틀에서 대화의 개념을 밝혀내기를 오히려 더 선호한다.

대화는 공유나 사교성, 저의나 목적 없는 합목적성[4]의 표현, 우리들 상호 행위의 공간을 지키기 위한 최상의 순간이 될 수 있을 것 같다. **대화의 기술**은 무엇보다 의사소통의 상투적인 보호를 벗어나는 수단이 되지 않으면 안 된다. 이런 **기술**은 거의 소통할 수 없을지도 모르는 일이다. 더 세속적[5]이고 사교적인 데서 대화의 공간을 유지하고, 대화가 있는 **테이블 매너**[6]를 지키고자 한다면 문체에 관한 고

---

4) 목적 없는 합목적성(칸트식 미학에서의)은 예술 작품이 어떤 유용성도, 어떤 특별한 관심도 추구하지 않는 순간에 해당한다. 관념적인 독단주의만큼 감각의 친화도 배제한다. 두 경우 모두 자신의 보편성을 잃을지도 모르기 때문에 이런 합목적성은 하나의 관심을 갖는 것이 아니라면 주관적이지도 않고, 하나의 관념으로 한정되는 것이 아니라면 객관적이지도 않다.

5) 여기에서 mondain의 의미는 하이데거식의 관점으로 '세상에 나옴' '세상에 있음'의 표현으로 이해.

찰이 절실히 요구될 것 같다. 특정 순간의 계기인 문체는 대화가 은 밀하고 친숙하기도 하지만, 또한 낯설고 먼 영역에 이르기 위한 언 어가 되도록 한다. 이야기하다는 여러 **사회적** 규칙에 따라 소통한다 는 것이 아니다. 그리고 사회적인 것이 가치 없는 것은 아니지만 타 인을 경청하지 않는 관례, 예의 없는 양식, 일종의 존중이 결여된 예 의인 사회 생활의 공허한 형식처럼 여기에서는 이해된다. **대화의 기 술**은 입소문을 내거나 무슨 일이 있더라도 과장된 수사적[7] 효과를 노 리는 데 있는 것이 아니다. 오히려 **문체는 사람이다**란 의미에서 각 자에게 맞는 **문체**에 대한 실천을 재발견케 하고, 좀더 본원적인 의 미의 언어를 재발견하도록 하는 것일 터이다. **문체의 목적**을 구현 하는 대화는 문체적 가치를 방패삼으려고 애쓰지 않는 모든 이들에 게 적절한 개인적인 작업의 기호이다. 문체를 가지다, 그것은 바로 추구한다는 것이 아니라 작가의 특성과 본성을 분명히 내보이는 것 이다. 대화가 가능한 순간인 이런 목적의 특이함을 나는 좀더 뒤에 서 말라르메의 시적 경험이나 아르토나 볼프슨의 경우처럼 언어에 대한 좀더 직접적인 작업(단어를 통해, 그리고 단어와 더불어 죽는 극 도의 언어 광기에 종종 이르게 하는 작업)을 통해 설명하려고 한다.

---

6) 스테파노 구와초는 인간 공동체들의 여러 가지 관습을 발견하는 수단들 중의 하나로 대화를 《세속적인 대화》(Lyon, Jean Béraud, 1579) 속에서 연구한 선구자들 중의 한 사람이다. 외교관이자 여행가로서 유럽을 일주하기도 했지만, 사회적인 인간 행동에 대한 분석을 위해 특히 프랑스와 이탈리아를 두루 다녔다. 어쨌든 그 가 연구한 대화의 사회적인 형태에 대한 원칙은 사랑의 대화에서이다. 그런데 그 는 국적에 따라 다른 대화의 모습에 관해서는 어떤 유형학도 세운 바가 없다.

7) **수사학**이란 단어는 최근에는 부정적인 의미와 중의적인 용법으로 사용되고 있다. 본래는 수사의 좋고 나쁨은 없다. 단순히 그것을 **남용하는 자**(rhétoricien)와 교묘하고 정밀하게 **사용하는 자**(rhéteur)가 있을 뿐이다. 우리는 앞으로 수사의 올바 른 사용이 어떻게 **대화의 기술**의 합목적성인 **문체의 목적**을 구성하는지를 보게 될 것이다.

대화는 언표 행위, 언어 수행, 전형화, 상호 작용의 공개적인 연출을 꼭 요구하지는 않는다. 언어의 첫번째 기능이 사물의 이름을 부여하고 명명하는 것이 아닌 것처럼 대화의 첫번째 기능이 의사소통보다는 오히려 인간이 자기의 존재 이유와 본성을 되찾는 은밀한 공간인 긴장 영역을 파악하는 것이다. 그런 점에서 대화가 보호되어야 한다는 것이다.

다른 한편 **대화의 기술**에서 **기술**은 수사학자들이 집단적이고 익명의 태도에서 개인적인 상태로 항해할 때 실행할 수 있는 것처럼 수사학의 평범한 실행이나 방법이 아닌 무엇보다 먼저 도덕적 추구나 일상 생활의 실천으로 이해된다. 그러나 이런 탐색이 은밀한, 또는 전달할 수 없는 실행으로 제한된다는 것을 의미하는 것 역시 아니다. 이런 대화 공간은 의사소통을 하면서도 어떤 의미로는 **사교계**의 기술인 대화가 가능한 **그 대상**의 부담감을 벗어 버릴 줄 아는, 즉 주체가 세상에 대한 근원적인 질문을 가진 동시에 십중팔구는 대수롭지 않은 격식이나 태도 · 화제 · 입장들이 두드러지게 타인의 지위를 발견하도록 하는 것인 만큼 자기 자신의 지위도 세상에 확연히 드러내는 그런 순간이다. 화제들이 무익할수록 제기되는 문제는 더욱 심각할지도 모를 것이다. **사교계**는 상호 작용을 준수하는 사교적인 실천을 전제로 하기도 하지만, 특히 익명의 거부를 나타내기도 한다. **선험적으로** 사교계는 좀더 피상적이고, 좀더 거짓된 상식의 전형이다. 그렇지만 사교계의 이면은 주체가 다른 이들과 더불어 가질 수 있는 관계들의 조망처럼 세속적인 모습을 드러낸다. 문제는 사교계가 실천에 있어 철회할 수 없는 관심과 매력을 강요하는지 아닌지를 아는 데 있다. 사교계 사람은 오히려 세상을 가볍게 여길지도 모르고 근본적으로는 **세상 속에서** 존재할 것이지만, 또한 **중요시하지**

않으면서도 **세상과** 연결된 연약한 관계를 의식할 것이다. 사교계의 대화가, 예를 들면 신사라는 의미에서의 인간성인 실제 **문체 목적** 과 **미사여구**와 같은 외양 사이의 이중적인 내기를 이루고 있는 것 인가?

우리들이 맞닥뜨린 또 다른 문제는 주체 개념의 사용 문제와, 그 것의 불확실한 정의의 문제이다. 나의 의도는 실존하는 자율적인 주 체를 명시 규정하는 실존주의와 완전한 해체 과정중인 주체를 제한 하는 구조주의와의 사이에서 철학적 언쟁을 다시 화제삼고자 하는 것이 아니다. 게다가 생각하는 존재, 개인 혹은 혼합 존재, 무형의 무 리, 그리고 순수 불확정 등의 이런 주체[8]에 대한 철학적 성격이 무 엇인지를 결코 자문해 보는 일 없이 개인에 대하여 생각을 했던 고 프먼과 같은 상호 교류주의 학파의 일부 사회학자들의 태도를 보는 것은 놀라운 일이다. 나로 말할 것 같으면 주체를 더 분명히 하지는 못하였으나 주체를 이해함으로써 대화의 개념에 대해 단호하게 숙 고하기로 했다. 주체는 단순하게 일상적인 대화의 실행 속에서 존

---

8) 어빙 고프먼이 주체에 관한 사르트르식의 개념을 어떻게 사용하고 있는지를 보라. 《일상 생활에서의 자아 표현》(Paris, Éd. de Minuit, 1973, trad. A. Accardo)에 서 그는 사회적인 배우의 규범을 추론하기 위해 《존재와 무》에서 유명한 카페의 가르송 구절을 인용하고 있다. 사실 고프먼식의 주체 개념은 주체-동작주가 직면 하는 연극적인 문맥과 불가분의 관계에 있다. 일상 생활은 상호 작용을 제어하는 만남·대화·시선·표정 등의 축적에 해당한다. 생각하는 주체는 사실 일상 생활 행위들의 총체 뒤에 감춰진 것이고, 고프먼은 자신의 논거에 아무것도 가져다 주 지 않고 논쟁만 될 뿐인 생각하는 주체의 본성에 관한 철학적인 논쟁 속으로 들어 가는 것을 거부한다. 게다가 고프먼의 상호 작용 개념은 마르셀 모스가 사용한 것 과 같은 상호성의 개념과는 차별화된다. 보편적으로 상호 작용은 어떤 상호성을 고려하지 않고 구체적인 목적을 얻게 되어 있는 행동의 표현으로 정의된다.(《사회 학 비평 사전》, R. Bourdon, F. Bourricaud, Paris, PUF, 1982) 모스의 상호성이 사교 기능으로서 주체를 내세우는 데 비해 고프먼은 집단적인 상황에서의 개인의 일상 적인 행동만을 고려한다.

재하는 바 그대로의 개인처럼 지각될 수 있을 것이라고 분명히 하자. 결국 대화는 생활의 실용적인 실천을 통해 의미를 부여함으로써 주체를 보호하는 최상의 수단으로 남는다.

만약 의사소통에서 **말하는 주체**가 누구인지를 알고자 하는 의문을 제기하지 않은 채 집단 행동을 한다면, 대화는 결코 **말하는 주체**를 재발견하고 재정립하려는 의도 없이 진정한 상호 관계를 정립하려고 애쓰는 것이 될 터이다. 이런 관점에서 《피가로의 결혼》에서 보마르셰는 이러한 과정에 따라 전형이 될 '익명의 무정형적 무리'[9]로서 주체를 정의했다. 이러한 전제를 수용하는 입장의 태도는 주체 개념의 제한[10]으로서가 아닌 하나의 경계로 이해되어야 한다. 그래서 **대화의 기술**에 대한 접근 방식에서 이야기하는 주체 개념의 경계는 대화와 주체의 보호 방식인 **문체의 목적**에서 정의한 것이다. 좀더 멀리서 논의된 이러한 **문체의 윤곽**은 게다가 의사소통이 가능한 행위나 소통하는 단순 행위로 국한될 수는 없고, 오히려 주체의 진실을 보장해 주는 것으로 이해된다. 그 보장이 창의적인지 아닌지는 사실상 중요하지 않다. 뷔퐁의 공식, 즉 **문체는 사람이다** 또는 니체의 말, **문체는 곧 그 사람이다**에서부터 우리는 어떻게 **문체의 목적**이 결과 없는 인과 관계, 명령어가 없는 능선의 침식, 또는 과도한

---

9) 보마르셰의 연극, 《피가로의 결혼》, acte V, sc. III, Paris, Ditot, 1874, pp. 405-406.

10) 경계가 만약 분명하게 넘지 못할 한계를 정하는 것이라면, 한계는 좀더 멀리 그리고 항상 바로 그 한계를 넘어갈 것이다. 칸트식의 관점에서는 이성이 제 한계를 정하는 데 비해 오성은 경계가 정해져 있다(스스로 한계를 정한다). 오성은 관념(concept)을 만들어 내고, 이성은 이념(idée)을 만들어 낸다. 오성을 유지하기 위해서는 형이상학적인 범람 속으로 빠져드는 것이 아니라면 합리적인 행동으로 경계를 정하는 것이 더 낫다. 경계짓기는 부정적인 것이 아니라 단지 합리적으로 오성을 자신의 영역으로 파악할 수 있도록 해준다.

장식의 수사가 없는 글쓰기를 만드는지를 보게 될 것이다. 다양한 형식의 문체는 정형화된 교류나 배열이 아닌 공유와 즐거움을 최우선 목표로 한다. 마찬가지로 문체로 대화를 보전함으로써(그리고 그와 같은 것이 그 목적이기도 하고) 이야기하는 주체는 자신의 인간성을 보전한다. 왜 우리가 더 이상 대화를 주고받지 않는지를 자문하지 않기에 말을 하도록 부추기는 이유들을 우리에게 물어볼 것을 다시 한번 더 권유하는 기이한 상황이다.

문학적 측면에서나 사회사를 통한 대화의 다양한 표현 형식으로 내몰리기보다는 나는 우리의 인간성과 독특함을 드러내기에 가장 적절하게 보이는 것을 윤리적인 틀 안에서 파악하고자 했다. 제네바 학파[11]에서 제안했던 대화의 언어학적이고 행동생태학적인 연구보다는 **대화 행위**의 적용에서나 상황 설정에서의 윤리적인 틀이 더 나의 관심을 끈다. 나는 개인적인 대화의 의미론적 연구와 재전사로 종종 귀착되는 심리언어학적 특색에 대한 이런 성찰을 설정하는 것도 원하지 않았다. 나는 상호적인 행동과 사교적인 관계를 드러내는 대화의 이런 순간에 대한 구성 요소들을 명백히 하는 데 좀더 적합한 인류학적인 어떤 행동들을 연구하는 것을 택했다. **대화의 기술**은 사람이나 사물에 대해서 말하거나, 혹은 반하여 말하는 것을 뜻하지는 않는다. 반대로 파롤 행위의 존재 자체에 대하여 생각해 보도록

---

11) 프란시스 자크의 《대화》(1975)와 《대화의 논리적 공간》(1985)을, 그리고 에디 룰렛의 《교환, 개입, 그리고 대화 구조에서의 언어 행위, 1985》(in 〈에튀드 드 랭귀스틱 아플리케〉, 1-3월, 1981, n° 44)와 코스니에와 케르브라의 《대화의 교환》(CNRS, Lyon)과 《대화의 기술》(in 〈랭귀스틱 에 세미올로지〉, PUF de Lyon, 1987)을 보라. 여기에서 나는 다양한 언술자의 **진술**, 법적 유효성에 대한 다양한 게임인 즉각적인 **방식**에 관한 언어학적 분석을 다시 인용하기보다는 윤리적인 쟁점과 대화의 질료 자체에 대하여 고찰하기를 선호했다.

한다. 대화는 가장 평범하고 단순한 연습이지만 동시에 가장 심오하고 단순한 약속, 예절 규칙, 양식…을 넘어서는 것이다. 문제의 일부는 사실 사회가——동시대이거나 아닌——왜 무의미한 대화의 의례적인 사교 공간을 대체하기로 한 것인지를 자문해 보는 데 있다.

나는 대화 행위의 합목적성이 의사소통[12]의 교환 모델의 비평 속에 역시 포함되어야 할 것 같다. 그런 비평적 측면에서 상호적인 행위의 핵심은 정보의 전파, 전달이나 교환을 하는 데 있지만, 특히 우리의 소통 공간(하버마스적 교감의 관념)을 지키는 데 있다. 파롤의 공동화가 필수적이지 않다면, 나는 대화를 자기 파롤의 보존 계기와 파급 효과로 자신의 특이성의 장소인 사교적인 인간의 특성과 표현으로 규정하겠다. 반대로 의사소통의 의례는 오히려 모든 사람들이 말을 하지만 꼭 그것을 알려고 하지 않은 채 속이는 일종의 **가면 무도회** 속에 틀어박히는 데 있다. 이 **가면 무도회**를 재현한 《불멸의 카니발》(209쪽 참조)은 이런 상황을 보여주고 있다. 거기에는 다음과 같은 전설이 조각되어 있다. "우리는 좀더 정교하게 둘로 나눈다. 우리가 어떤 사람인지 간파하려면 마법사가 되고 신이 되기를. 우리가 쓴 가면이 모든 사람을 속인다. 그들은 스스로가 증인이 되어 시간만이 알게 만들 것이다. 그야말로 모든 것이 우리가 존재할 것 같은 모습을 하고서 사람들은 카니발에서 가면을 쓰지, 존재하지는 않는 것이다. 시골 사람으로든 도시 사람으로든 어떤 성별로든 어떤 신분으로든 모든 것이 교묘하다. 진짜와 가짜, 선과 악으로 분장한

---

12) 의사소통에 관한 교환적인 모델에 대한 비평은 들뢰즈와 가타리의 《천 개의 고원》(《언어학적 기본 전제들》) 안에서 이루어졌다. 그들은 발신자와 수신자를 전달 통로로 제한하는 역학적 모델의 의사소통에서 벗어나는 것을 사실상 다루고 있다. A. 밀롱, 《정보의 가치: 부채와 증여 사이》, Paris, PUF, 1999, ch. I.

다. 속이기 위해서든 파괴하기 위해서든 복수를 위해서든 비방을 위해서든 각자는 덕이란 이름의 가면 뒤로 숨는다. 자기의 간교함과 교활함을 자신의 야망과 욕망·탐욕·증오·타락한 품행을 감추고자 그렇게 될 수 있는 한 어떤 분장도 마다하지 않는다. 그럼에도 어느 누구도 그렇게 존재한다고 인정되지는 않는다.” 이런 상황에서 중요한 것은 결코 체면을 잃는 것이 아니라 오히려 쇼를 보여준다는 것인데, 그 속에서 대화 행위는 대화 상대자에게 장면이나 **틀**[13]의 구실을 한다. 베이트슨의 **오케스트라**나 맥루언의 **지구촌** 비유는 둘 모두 그 모습 속에서 오케스트라의 지휘자가 합의나 공감의 가장 감미로운 형식에 끊임없이 도달하려는 조합자의 역할을 하게 될 그런 행복에 겨운 광경을 보여준다. 펠리니는 연주자들을 감독하는 오케스트라 지휘자에 대한 영화 《오케스트라의 예행 연습》을 찍을 때 자기 나름으로 이러한 공감을 패러디했다. 그는 실제로 공감의 이중적 의미인 굳은 결심의 권위적인 표명과 동시에 동반된 상호성의 요청을 재해석했다. 그리고 관현악법은 그룹의 부조화를 드러나게 만드는 시도, 조화의 시도만으로 결국 남는다. 나는 소통적 교환에 대한 비평적 접근에서 모든 형태의 대화가 실행되고 자유롭게 되는 의사소통의 **탈영토화**가 좀더 풍요롭게 보인다. 대화는 인간에게서 인간성 보존의 장소, 달리 말하면 뷔퐁과 니체가 인간의 특수성처럼 말했던 의미에서 자기의 **문체**를 통해 존재하는 자신의 능력처럼 정의될 수 있을 것이다. 역설적이게도 신사의 모습에서 고찰했던 16세기의 인간성은 절대 보편적인 원칙이 아니다. 개인의 특이성이란 첫번째 표현이 인간을 자신의 개별성 속에 머물고 존재하도록 해

---

13) 고프먼, 《대화의 틀》, ch. I.

준다. 인간성은 그 풍부함과는 다른 표현인 각자에게 고유하고 유일무이하다는 조건에서 모두에게 공유될 것이다. **인류**에 대한 갖가지 모습들이 프랑수아 비용의 다음 표현 속에서 재발견된다. "나는 한 인간이고, 어떤 인간성도 나에게는 낯설지 않다."

　나는 모든 역사적인 접근 역시 거부하였다. 전시대의 대화가 더 나았음을 보여주기 위해서도 아니고, 대화에 대한 연구가 어떤 시대——특히 17세기——에는 가장 세련된 형식 속에서, 특히 궁정식의 사회화를 통해 절정에 이르렀던 것이 사실이었다고 할지라도 대화를 시간 그 자체 속에서 제한되고 일시적인 연속으로 국한시켜 버리지 않기 위해서이다. 사실 내가 만약 이러한 역사의 순간을 '잊었다' 면, 어떤 편견에 의해서가 아니라 우리의 대화 기술에 대한 윤리적 근거를 좀더 잘 찾기 위해서이다.

I

대화의 윤리적 틀

대화의 기쁨이란 결코 가장 사소한 것은 아니다.
칸트, 《인간학》

위법적인 만큼 감미로운 대화가 있기도 하지만, 이런 특정 계기에서 대화의 순간이란 희박하다. 우리는 단어의 제한된 사용을 기대했었고, 그것을 의사소통의 제단 위에 바칠 자격은 없지만 귀중했으며, 이것들을 마구 허비해서는 안 된다는 깊은 확신을 갖고 있었다. 그런데 인간의 이와 같은 선의에 무슨 일이 닥쳤는가? 독백을 제외하고는 별로 대단한 것도 없다.

의사소통의 급증, 대화가 없거나 거의 없는 상태, 언표들의 시뮬라크르, 독백의 반향 언어, 존재론의 심연, 그것이 의사소통 세계의 불운한 조화를 인간에게 나타낸다. 시간의 경과, 미래가 없는 계획, 사회적인 스트레스, 가면 무도회의 시대, 통신 마케팅, 정치적인 왜곡, 가식 혹은 시뮬라르크 시대… 그리고 **모두가 그렇게 하듯이**! 그러나 사실 이 **모두**가 누구란 말인가?

— 여자 혹은 인류, 대화 혹은 의사소통, 정신분열증 혹은 문맹 퇴치?

— 여자들은 **모두가 그렇게 한다!** 그것은 단순한 대화가 아닌가? 달리 말하면 여자들은 모두가 다른 이들처럼 그렇게 하고, 그리고 모두가 동일한 방식으로 실행하지 않는가?

— 사람들이 잊었던 것, 가지려고 원했을지도 모르지만 점차 우리가 현실로 돌아옴에 따라서 희미하게 끝나 버리고, 마지막에는 결국 귓가에 속삭이게 될 만큼 중대한 그런 대화들처럼.

— 그 모든 것에서 무엇이 남는가?

— 대화에서 의사소통으로 넘어감으로써 발생된 모든 것들, 기이한 변화들을 제외하고는 대단한 것도 없다.

어쨌든 우리는 의사소통에 대한 경직되고 냉혹하며 결정적인 비판에 방해받을 수는 없다. 게다가 내가 지금까지 대화와 커뮤니케이션 사이의 대립에서 자발적인 역할을 했다면, 그것은 바로 대화가 잘 수행된다면 수다의 남용으로부터 개개인을 지켜 줄 수 있도록 대화의 문을 반쯤 열어두기 위해서이다. 일상 생활의 명령어들이 왜곡할 우려가 있는 가능성을 우리에게 줄지도 모르는 **암호**의 방식, 즉 도움의 소리 혹은 수단, 접근 방식의 특색을 제거해 버릴 수 있는 이런 최악의 논리 속에 빠지지 않도록 노력하자. 조지와 마샤가 그들의 내면의 긴장을 극도로 분출할 때나, 결국은 서로 사랑하는데도 서로 죽이려고 할 정도로 비이성적인 말로 부부싸움을 할 때 에드워드 올비의 《누가 버지니아 울프를 두려워하랴?》의 인물들처럼 우리의 흥미를 끄는 호흡의 순간에 다시 발언권을 주도록 하자. 사랑의 대화는 종종 그런 식으로 완성된다. **길들여진 악녀**의 연인들은 우리에게 바로 이런 사실을 떠올리게 한다. 만약 그런 지평이 반복적이라면, 그럼에도 불구하고 우리에게는 귀중한 인간성의 계기들을 지켜내는 첫번째 기능 속에서 대화를 지켜내기 위한 감시를 게을리

하지 말자. 우리는 의사소통의 상실이나 이성의 무위증, 아니면 그냥 단순하게 일상적인 대화의 반향에 있는 것인가? 대화 세계에 대하여 겨우 밑그림을 그린 우리의 직관은 지킬 수 있는 것은 지킬 수 있도록 우리를 부추긴다. 대화에 이런 윤리적인 논거를 재주입하는 것이 적절하다. 한없이 이어지는 일련의 단어들을 맑은 물이 샘솟는 샘물처럼 흘러가도록 내버려두는 소통하는 대화의 계기들과 직면한 우리는, 우리에게 더 이상 속하지도 않는 메시지를 단순히 저장하는 저장소나 어리석은 말명제들로 조작된 용기(容器)가 되지는 말자. 대화는 너무도 빈번하게 우리를 맑은 물의 표면에서 항해하게 하거나 심각한 혼돈을 겪게 만든다. 니체의 권유에 따라서 **다시 분명하게 되돌아가자.**[1] 그리고 새롭게 우리 대화의 분수 제조기가 되자. 너무도 호기심이 많은 이 젊은 이집트인들에게 우리가 제시했던 경고를 다시 언급해 보자. **기다릴 줄 알아야 한다.** 왜냐하면 그것이 대화의 경우일 때는 특히 결말들을 재촉하는 것이 아무런 소용이 없기 때문이다. 삶이 곧 자기를 표현하는 것임을 어쨌든 잊지 말도록 하자…!

그렇지만 다양한 대화의 종류들, 즉 사교계의 카페 대화, 무언의 사랑 대화, 지루하고 일상적이며 죄가 되는 불의의 시사적 성격의 대화, 방탕하고 무모한 젊은이의 대화, 때로는 그러나 아주 드물게는 사적인 재치의 대화가 존재한다. 또한 코미디나 코믹 오페라의 종류인 대화 오페라나 대화 연극인 온천지에 관한 대화의 집 역시

---

1) 니체, 《즐거운 지식》, p.356. Trad. A. Vialatte, §378, Paris, Gallimard, 1975. 니체식의 비평은 단지 형식주의의 한계만큼의 깊이를 지닌 극단과 통찰력의 수사학과는 반대로, 그리고 과학적인 명확성이란 이름으로 형이상학적 모호함을 억제하는 실증주의자의 담론과도 반대의 입장이다.

존재한다. 짧거나 긴 대화들이 일상 생활에서 어느 정도는 중대한
사건들을 언급하기도 하고, 그 변화 또한 무수하다. 대화 상대자는
대화를 주도할 수도, 연루시킬 수도, 지속시킬 수도, 마음을 돌리게
도, 변화를 줄 수도, 회피할 수도, 죽일 수조차도 있다. 그래서 이런
겉모습에도 불구하고 성숙의 정도가 어떻든 대화는 모든 상황에서
인간성의 표시로서나 표현으로서 남는다. 이런 상황에서 **대화 행위**
를 규정하기는 어렵다. 대화 · 전이 · 합일 · **전**(前)**소통**인가? 잘 듣고
잘 대답해야 하는 우정 관계에 관계되거나, 혹은 상호성이 교감이
란 말로 평가될 교환의 순간이나, 아마도 인간의 본성을 낙관하게
될 목적 없는 합목적성에조차 관계되는가? 우리의 일상적인 실천에
서 우리가 발산하는 표현이 대화의 의지 없이(**마음의 발로**에서조차,
예를 들면 타자는 암묵적으로 대상이 되어 있음에도 불구하고 주체는
홀로 자기 생각을 표현한다) 이루어지는 순간에 자주 직면하는 것 이
상으로 중대한 문제는 다른 상황들처럼 대화가 바로 표현(대화의 허
위성, 사회적인 겉치레 또는 **한담**)에 대한 해석 없이 실현된다는 것
이다. 그것이 일상적인 대화든 철학적이든 자신의 **관심사**를 거기서
찾는다는 데서 사람들이 대화에 흥미를 종종 갖는다는 것이다. 개
인이 개입하는 경우에 그는 자신의 위치를 정하고 동일한 경우로
자신의 존재를 증명함으로써 힘의 관계를 세운다. 다른 경우에 그
는 대화 상대자가 가져다 주는 대화가 지적 척도의 장소라는 점을
정확한 지침으로 이용한다. 나는 당분간 대화가 사교성을 나타낸다
고 단순히 말할 것이다. 공생의 주체 이면에 감추어진 것, 즉 사회
적인지, 사교적인지, 의사소통인지, 대화인지, 의례적인지, 진실한
것인지를 아는 것만이 남아 있다. 대화에 관련된 단어의 의미론적
연구로서 이러한 양면성이 여전히 문제를 더욱 애매하게 만들 뿐이

다! 이야기하다(더불어 살다)는 그것만으로도 이미 집단적인 모방 범주인 재빨리 전향해 버리는 **전이**(공동의 표현)이다. 요컨대 대화 행위는 **대화가 가능할 뿐이다**? 달리 말하면 실행 가능하다는 말인가?

대화의 흐름을 찾으려는 희망 속에서 그렇게 따르게 될 것이다. 대화에 관해 말할 수 있는 것을 예측하지 말고 어쨌든 개인이 속한 역사적 사건들도 별로 중요하지 않은, 의사소통의 표면이 아닌 오히려 이면인 긴장의 장소로 유도하는 대화의 광적인 소용돌이 속에 매우 빈번하게 처하는 개인에 주목하자. **대화의 기술**에 관한 한 시시포스와 같이 인간은 이런 대화 순간에 어느 정도는 세밀함을 이용하고, 드물게는 상호성을 나타내는, 그리고 좀더 드물게는 우정 관계를 암시하는 입에서 나오는 과도한 소리인 간단한 말들의 과잉으로 자족한다. 혼자이건 둘이건 열이건, 존재의 대화 행위의 본성이 지나치게 바뀌지는 않는다. 시시포스의 헛되고 끝없는 행동처럼 인간은 상황에 따라, 즉 유용성(교환, 암호, 정치적 행동)에서나, 무대의 게임(체면을 잃지 않으려고 하는 일상 생활에서의 극화[2])에서나, 자폐(대화의 가능 목표로서의 침묵이나 신비한 황홀경에서 신도들이 귀의의 대상을 전적으로 알지 못하더라도 환위하는 순간)이거나, 게다가 죽음의 극한 상황(주체는 자신의 **단어**——아르토의 **하타라, 하타라**——로 죽을 만큼 괴로운)에 이르는 대화를 유발하는 계기들을 말하고 대화하며 축적한다. 그렇지만 이런 **대화의 기술**에 대한 본성을 자문하기 이전에 대화하는 주체의 본성이 무엇인지 자문해 보자.

---

2) 이 문제는 좀더 뒤에서 고프먼이 연구한 대화의 틀에서 접근할 것이다.

1. 대화하는 주체의 본성

말하는 자아, 자기 자신의 메아리로 울리는 제 자신 속으로 틀어 박히는 나는, 그 자아가 필연적이지 않고… 내 자신, 자신, 자신(…)으로 무한히 재조직되는 이 **동일자**를 들으면서 대화를 한다. 결국 주체가 없는 주체는 결정적인 순간에 자신의 자아에 대한 문제를 제기하는 어느 정도는 피가로의 방식이다. "그렇지만 그밖의 어느것보다 더 내 것이라는 것도, 내가 몰두하는 이 자아(익명의 무정형적 조립)가 어떤지조차 알지 못한 채 여전히 나는 재담을 늘어놓는다."[3] 보마르셰는 그런 식으로 대화의 본성에 대한 본질적인 질문을 제기한다. 피가로는 한 여자 혹은 여러 여자들로부터 환멸만을 느낀 것은 아니고, 단지 그는 자신의 인생을 남용했던 점을 긴 독백 속에 자인했다. 이 익명의 무정형적 조립은 피가로가 수잔의 사랑을 **높이 산** 중요한 순간과 상응한다. 그는 자신의 약혼녀에 대한 감정(그녀가 날 간음했는가, 혹은 아닌가?)에 대하여 의문을 제기한 인물만은 아니다. 그는 훨씬 더 수잔이 그를 속일 수도 있다고 믿는 체하는 자, 달리 말하면 자기 인생에 대한 어떤 환상도 더 이상 품지 않는 《영원한 남편》인 것이다. 그리고 이런 무형의 조립에 감정 형태를 부여하기 위해 조각들을 다시 붙여 자기 약혼녀를 폭로하는 사랑은 더더욱 아니다! 피가로는 다른 사람들이 그에게 했던 것 때문에 슬픈 것이 아니라 단지 명석한 사람일 뿐이다. 우리는 인간이 대화처럼 사회 관계를 만든다고 믿어서는 안 되지만, 어쨌든 우리들은 인간의 의

---

3) 보마르셰, 《피가로의 결혼》, acte V, sc. III, Paris, Ditot, 1874, pp.405-406.

사소통이 진정으로 속으로 믿고 싶은 자들만 이용한다는 사실은 수
용해야만 한다.

그들이 세운 관계들에서, 인간들에게서 무엇을 기대하는가? 자,
바로 피가로가 결론짓는 절정의 순간이다! 나는 대화가 아무것도 해
결할 수 없음을 알지만, 그럼에도 대화의 위기 순간이 일상적인 상
황들을 명확하게 해준다고 덧붙일 것이다. 보마르셰와 더불어 사람
들은 말을 하는 자아에 대한 문제가 해결되지 않으므로 위선적이고
교묘한 사회적 행동들의 믿을 수 없는 속임수들을 다루는 보드빌
연극에서 재빨리 벗어난다. 보마르셰에게 있어서 **자아**는 이렇게 조
립된 부분들이 어떤 무엇을 이룰 것이라는 희망과 함께 결국 익명
의 무정형적 조립으로 귀착된다. 이런 상황은 파스칼의 놀랄 만큼
거만한 표현인 "나는 무엇인가"[4]를 연상시킨다. 그리고 그것이 보
마르셰의 견해는 아닐지라도 저자는 **자아는 가증스럽다**를 덧붙임
으로써 "인간은 결단코 인간 자체를 사랑하지 않고 그 특질만 사랑
하고 있다. 왜냐하면 인간은 남을 그 가짜인 특질 때문에 사랑하기
때문이다"[5]라고 결론짓고 있다. 만약 파스칼의 맹목적인 태도를 잊
는다면, 그리고 주체의 본성에 관한 제 질문에서 멈춘다면, 우리는
이런 파스칼의 **숨은 생각**[6]이 **자아**에 대한 존재 정도와 상대적으로
격렬한 단계를, 그리고 특히 **배후의 생각** 속에서 정의하고 있음을
인정하게 되어 있다. 파스칼은 이런 배후의 합목적성에 대한 문제를
제기하고 주체의 진실에 대한 의혹을 가진다. 신이 원하는 규칙들
을 준수하는 완벽한 기독교인들과 그것을 무시함으로써 거기에 순

---

4) B. 파스칼, 《팡세》, §323, Éd, Brunschvicg, Paris, Hachette, 1950, p.120.
5) B. 파스칼, *op. cit.*, §323, p.120.
6) B. 파스칼, *op. cit.*, §336, p.124.

응하는 책략가인 사회 질서를 부정하는 반-책략가들 사이에서 세워
지는 정도의 단계를 통해 파스칼은 궁여지책 속에서 이 자아를 인
도했다. 선은 주체의 기교와 장소의 인위성을 동일한 실체 속에서
결합하는 자를 사실상 짝지어 준다.

이 **자아**가 장차 무엇이 될 수 있을지, 이런 수다스러운 주체에게
서 굳이 불행한 것만은 아닌 명석한 이런 의식으로부터 무엇이 남
아 있는가? 게다가 17,18세기 철학의 윤리적인 관점이 상대성 이론
이나 양자학, 특히 주체[7]의 본성에 관해 우리에게 알려 주는 현대
과학에 비해서 많이 발전된 것은 아니므로 당분간은 이렇다 할 것이
없다. 이런 과학적인 발견을 본뜬 의식의 자리는 다양한 소유의 첨
가, 성질이나 상태들의 총합으로 축약되고 상대화된다. 주체는 도
덕적으로는 17세기의 도덕적 주체인 불확실한 총체로밖에 남지 않
았고, 과학적으로는 지표 속에서 존재하는 어느 정도는 정의 가능
한 실체일 뿐이다. 더 이상의 보편적인 지표도 절대적인 지표도 아
니지만 개인이 존재한다고 믿는 것에 대한 의혹과 혼돈을 낳는 상대
적 특이성에서이다. 사실 이런 다양한 상태들의 도덕적인 결과들은
결코 현대 과학에 관심을 두지 않는다. 주체에 대해서도 미세한 부
분들의 통합에도, 의식의 상태에 대해서도 어느 정도는 초미립자의
개연적인 미규정으로 우연의 집단을 배치하는 것이 아니라면 주체
의 위상조차도 없다. 누가 누구인가? 그것이 어디에 위치하고 있는
가? 현대 원자물리학은 일관되고 목적성이 있는 총체를 잘 구축할
수 있다. 정신의학이 분열증을 가진 주체에게서 현실의 벽 속 단절

---

7) 슈뢰딩거의 고양이(I. Priogine, I. Stengers, 《새로운 결합》, Paris, Gallimard,
1979)에 대한 극단적인 역설에서 특히 주체의 문제를 최고로 잘 파악하고 있다.

에 대하여 제 차원에서 말하는 것처럼 루이 드 브로글리는 이러한 이유로 결정의 벽에서 **균열**[8]에 대하여 말하고 있다. 현대물리학은 더 이상 단정적이지 않으며, 개연주의자(단정론자의 결정적인 지방분권의 종)가 되고, 외양의 확신에 대해서 길고도 느린 종말의 과정 속에 들어간다. 이런 사실은 과학적인 지표가 더 이상 존재하고 있지 않음을 의미하지는 않지만 다만 다를 뿐이다. 대화에 적용시켜 보면, 이것은 익명의 무정형적 조립과는 다른 독창적 형식화인 대화하는 주체에 대한 종잡을 수 없고 모호한 본성이 주어졌던 대화 관계의 본성에 대해서 자문하기에 이른다.

2. 대화의 본성

이런 사회학·철학·과학적인 문맥에 관련한 나의 의도는, 대화가 생각하는 주체의 일관성 없음을 이유로 존재하지 않음을 말하고자 하는 바는 아니고, 사람들이 행하는 바를 자문해 보고 각각의 층위에서 여러 유형의 행동을 표현하는 대화 기제들의 여러 방식에 주목하는 것이다. 먼저 대화는 일상 생활(만남, 애정 관계, 우정 관계)의 여러 계기들을 표현하는 사람들간의 관계를 설정할 의무가 있다. 그리고 좀더 사적이고 은밀한 시퀀스에 접근하기 시작할 때, 사람들은 말하는 데 있어 어떤 장애를 겪는다. 소통의 가능성을 유지하면서 대화하는 어려움을 구체적인 순간에 제기하는 이런 탐색의 문제점은, 대화를 이루는 의사소통보다는 의사소통과 대화 사이에서 만

---

8) 드 브로글리, 《질료와 빛》, Paris, Albin Michel, 1937, p.273.

들어지는 대립에 훨씬 덜 영향을 미친다는 것이다. 권리를 상실한 **소통**의 욕조 속에 잠긴 여러 인간의 상황이 대부분 각자가 그 뒤로 몸을 피하는 시뮬라크르의 형태를 띤다. 게다가 전달이 아닌 **소통**의 표현을 사용한다면, 그것은 자신의 인간성 안에서 복원된 대화가 우리의 사교적인 공간을 지켜 줄 수 있도록 하는 데 비해서 의사소통은 의식적인 연출 속에 들어가는 소통의 공간으로 제한된다라는 점 또한 증명하기 위해서이다. 전달하는 존재에게서 열기, 즉 소통을 돕는 존재에게는 사라진 감정인 **신사(교양인)**의 특징이 되는 인간적인 감정이 있을 수 있다. 커뮤니케이션이라는 용어 자체는 이런 차이를 잘 나타내고 있다.

커뮤니케이션이란 단어의 산스크리트 어원인 mei는 공유[9] 또는 교환의 라틴어 개념인 munus라는 두 방향이 완전히 상반된 개념이다. 첫번째 공유로서의 munus는 공유와 합일의 표현인 공동체 가치를 드러내는 의사소통이다. 두번째 교환으로서의 munus는 심리적이고 기능적인 교환의 가치를 의사소통에 부여하는 개념이다. 게다가 종교적인 모든 문맥을 제외한 DVR 커뮤니케이션의 히브리어 어근은 말하다, 그렇지만 동시에 안내하다는 동일한 성격을 상징적으로 나타낸다. 《구약성서》에서 재전사된 사막 횡단(역경의 시기)은 무엇보다 정략적인 담화의 학습장, 즉 계시의 장소 자체를 통한 신의 말씀으로의 인도로 이해된다. 〈십계명〉은 원래 일부 유대 전통에서는 모든 신권 정치가 민주적인 근거에 기초한다는 사실인 공동체의 법-정치 체제 전체가 근거로 했던 일련의 법령이었다. 옛날이든 현대이든 커뮤니케이션의 개념 속에서 **교환의 가치가 공동체의 미덕**

---

9) 라틴어 munus에 영향을 준 mei는 munition, démuni란 단어들에 남아 있다.

보다 우세한지를 이제는 알아야 한다. 그 대답은 개인들이 물질적 재화를 교환하듯이 아주 빈번하게 사고를 교환하는 순간부터 더욱 분명하게 보인다. 이런 상황에서는 정보의 내용을 공통화하는 것에 더 이상 관련되지는 않고 독자적인 교환에 가치를 더 부여하는 것, 자신의 물자성을 재생산하고 결정권을 갖는 것, 위선적으로 자신의 대화 상대자를 이용하는 것과 관련이 있다. 이런 용어들 사이에 더 이상의 유사성은 없고 대화의 사용 가치가 묻혀 버리고, 소통의 교환 가치로 무효화될 때 타자와의 경제적인 논쟁이 되는 표현을 고수할 뿐이다. 교환 방식은 더 이상 **명령어**, 즉 익명의 배열 방식 증명에 지나지 않는다. 우리는 공동체 구성원들에 대해 아주 심오하고 진실한 감정을 느꼈던 스토아학파의 conversari(저의 없이 이야기하다)와는 멀어졌다. 사람들이 철학하는 것처럼 스토아학파들에서도 앞사람과의 완벽한 일치·하모니·호의로 대화를 했다. 공유의 표현, 공통 공간의 중시, 자유로운 동의, 호의, 그런 것들이 스토아학파의 **세속적인** 기본 덕목이었다. 만약 이야기하다가 원래 누군가를 자주 만나다와 **함께 살다**라는 사실로 이해되거나 한다면, **대화의 기술**을 너무 자주 사용한 나머지 대화는 끊임없는 말의 남용인 수다의 기술로 전락해 버릴 것이다.

그런 위험성을 자각한 도스토예프스키는 모든 것이 과장의 효과만큼 수사의 효과도 잘 습득됨에도 불구하고 이런 과시를 시도하는 것이 완벽하게 꾸밈없고, 활기차고, 솔직하고, 자발적인 듯이 보이는 데 있는 화려한 시도인 사교적인 대화의 이런 독특한 기술을 묘사했다. 벨차니노프에 대해 도스토예프스키는 다음처럼 평가했다. "그는 필요에 따라서는 유쾌하고 행복한 남자의 역할을 잘할 줄 알았다. 그는 적절한 순간에 재치 있는 말과 우스꽝스러운 농담을 유려한 말, 풍자적인 말장난이 아주 오래전부터 이미 수백 번도 더 되뇌어 준비된 것임에도 불구하고 마치 우연인 것처럼 바꾼 것 같지 않게 말할 줄 알았다. 그러자 신바람이 나서 모두가 자신의 이야기에 귀기울일 것이고, 자기하고만 얘기를 할 것 같은(…) 이런 확신을 가졌다. 그는 다른 사람을 대화에 끌어들이는 고도의 기술을 지녔다.”[10] 십중팔구 진지함이 즉흥적으로 준비된 방식이지만 그런 사실에 동요해야만 할까? 미디어 시대가 또한 무엇인가 또 누군가가 있다는 사실, 즉 중재의 시대를 의미하는 한 아니다. **라틴어 표현** habere cum aliquo commercium(누군가와 소통중이다)는 상호적인 관계의 표현으로서 의사소통뿐만 아니라 동시에 상업적 증거로서 의사소통의 이런 양면성을 계승하고 있다.

3. 대화에 관한 칸트적 영역

단어란 말하는 주체에 대해서 모호하고 철회될 수 없는 마력을 지닌다——**한담**. 사람들은 종종 사정을 모르고 떠들어대는 것이 사실이다. 칸트는 《실용적 측면의 인간학》에서 **대화의 기술**에 대한 여러 원칙들을 정의하고 있다. 대화에 관한 칸트적인 고찰에 관한 원동력은 대화 행위를 통해 실용적인 인간학의 적용과 도덕적인 태도의 좀더 특별한 진보를 추구한다는 사실에서 유래한다. 칸트의 의도는 특이한 안락의 첨가로서가 아닌(실제로 이런 경우에는 이 안락이 **도**

---

10) F. 도스토예프스키, 《영원한 남편》, Trad. B. Schoezer, in 〈폴리오〉, Paris, Gallimard, rééd. 1988, p.176.

덕적 에고이즘에, 특이하고 비천한 관심사의 배치로 귀착되기 때문에)
오히려 공공 장소에 적합하게 맞추려고 하는 **공동체 정신**의 추구로
서 정의될지도 모르는 인류(대중의 효력을 상실한 공동체)의 단일화
라는 개념에 맞춰졌다. **실용적 인간학**에 이르기 위해 형이상학에서
출발하는 것은 거기에서부터 도덕적 원칙과의 정치적인 연결 수단
을 발견하려는 칸트의 의도이다. 그는 대화 태도에 대한 연구에서
가장 단순하지만 가장 풍부한 그의 철학적인 작품을 완성하도록 해
주는 윤리적인 과정을, 예를 들면 테이블 주변의 대화에서 찾았다.
결국 철학자들이 **그들 사이**에서 끊임없이 말하는 트집잡기식의 대
화를 거부함으로써 그는 순수 실천 이성과 순수 이론 이성을 하나로
연결하고자 했다. 이런 종합이 가능했던 것은 칸트로서는 인간의 실
용적 장치를 가지고서 인간에게 인간성의 장소로서 뿐만 아니라 동
시에 문화의 장으로서의 대화를 고찰하고, 대화에서 두드러지게 하
는 것이 아니라 단순히 우리가 인간이라는 점을 보여줌으로써 가능
했다. 이 철학자는 사람들이 비록 남용은 하지만 인간성이 인간의 본
성을 표명하는 것이란 의미에서, 인간성에 이르려고 하는 접촉의 영
향을 일부 쉽게 과장하려는 어떤 위선적이고 싫증나는 추구와는 하
등 공통점이 없는 쾌락인 단순히 '사회 속에 존재한다는 쾌락'[11]에
대해 언급하였다. 칸트의 경우에 대화한다는 것은 수많은 상황에서
순수하게 언어 과잉에 이르는 것처럼 신경 써서 회피함으로써 어떤
규칙들의 준수를 요하는 것이다. 닥치는 대로 말하기 위해서가 아
니라 대화한다는 것은 어쨌든 인간이라는 점을 기억하기 위해서 테

---

11) I. 칸트, 《실용적 관점에서 본 인간학》, trad. M. Foucault, Paris, Vrin, 1984, p.128.

이블 주변에 모여든다는 것이다. 그렇게 진행이 잘될 때의 대화는 그것이 꼭 하나의 목표에, 하나의 태도 표명이나, 한 가지 일치로만 도달해야 된다는 뜻은 아니다. 공동체 정신에 대한 고결한 행위의 일관성 속에서 자기의 근거를 찾게 될, 달리 말하면 칸트의 표현을 빌려 인용해 보면 인간들이 지켜야만[12] 되는 유희의 장소인 진정한 인간성 속에서 삶의 장소인 실용적 측면에서 실현하게 해준다는 것이다. **대화의 기술**은 그래서 대화 실행의 근거를 그들의 차례로 제한하는 공생 규칙의 원칙——자신의 생각들을 대화 상대자에게 피해주지 않고 솔직하게 교환하기——을 정한다.

그런데 계속해서 칸트의 표현을 빌리자면 이 **대화의 기술**은 네 가지 원칙으로 표현되는 일종의 **신성 의무**와 관계의 관례를 수반한다. 즉 토론 주체의 공통성(일치), 공백 시간의 부재, 대화의 지나친 변화의 거부, 모든 궤변의 금지.[13] 동일한 정신 상태에서 라로슈푸코는 타인의 말에 경청하고 환심을 사려는 태도는 거부하고, 예의의 의무를 다한다면 대화가 유쾌할 것임을 《성찰》 속에서 주지시키고 있다. 게다가 대화하는 주체는 다툼이나 무익한 트집, 자기 자신의 사랑, 거만한 태도, 권위적인 발언, 무관심을 잊어버릴 줄도 알아야만 한다. 이런 기술과 테이블 매너의 도덕가인 라로슈푸코는 첫눈에 상호적인 태도의 비난이 될 수 있을지는 모르지만 좀더 인간적인 것 속에서 개인의 안전과 보장을 빨리 드러내는 것에 대하여 쓰는 것에 주저하지 않았다. "대화가 유쾌한 사람은 드물다. 그것은 상대방이 말을 하는 것보다 자기가 하고 싶은 말을 먼저 생각하기 때문이고,

---

12) 칸트식의 대화가 어떻게 취미 판단의 세번째 계기인 목적 없는 합목적성의 표현에 배치되는지 앞으로 보게 될 것이다.

13) I. 칸트, *op. cit.*, pp.130-131.

타인이 진정으로 말을 하고 싶어할 때 전혀 경청하지 않기 때문이다. 그럼에도 상대의 말에 귀를 기울여야만 한다. 상대에게 마음 놓고 말할 기회를 주어야 한다. 쓸데없는 말이라도 들어줄 수 있어야 한다. 상대의 말에 반박하거나 중단시켜서는 안 된다. 오히려 그들의 생각과 마음을 함께하며, 그들의 말을 듣는 모습을 보여주고, 그들의 관심을 끌 수 있는 것을 화제로 삼고, 그들의 말에서 칭찬받아 마땅한 것은 칭찬할 수 있어야 한다. 또한 그들의 환심을 사기 위한 것이 아닌 진실한 칭찬이라는 것을 보여줄 수 있어야 한다. 당신의 주장이 그들의 주장보다 훨씬 타당하지만 신속한 결정을 위해 양보하는 듯한 낌새를 보여서는 안 된다."[14] 이어서 라로슈푸코의 결론은 다음과 같다. "대화의 규칙을 잘 알고 있더라도 그것에 대하여 종종 잘못 오해하고 있다. 대화에서 가장 안전한 것은 많이 듣고 적게 말하며, 후회할 것에 대해서는 함구하는 것이다."[15]

우정어린 이런 평범한 겉모습을 한 대화의 단순한 게임은 사회에 존재한다는 기쁨 또한 반영해야만 한다. 문제는 대화하는 주체의 내면 속으로 들어가는 것을 거부하듯이 칸트가 정의한 **사교성**의 네 규칙과 **사회성**의 세 규칙을 이런 상황에서 어떻게 조정할 수 있을지를, 가능한 한 상대방을 자극하지 않고 예의 있게 할 수 있는지를 아는 것이다. 모든 일상 생활의 피상성은 지멜이 칸트로부터 빌린 사회적인 공식——세네트의 순환논법(사회적인 **규칙이 더 있을수록 사교적인 규칙은 덜하다**)을 통해 세운 사생활의 강한 영향력에 대한 분석에서 열거한 등식, 즉 **어떻게 사회적일수록 덜 사교적으로 되는**

---

14) 라로슈푸코, 《성찰》, 〈대화에 대하여〉, version Brotier, Paris, Éd. Garnier, 1967, pp.191-192.
15) 라로슈푸코, *op. cit.*, p.194.

가?[16]——을 해석하는 여러 방식에 좌우된다. 주체가 사회적 공간을 보유하는 규칙인 앞서 열거한 세 가지 규칙들이 어떻게 칸트의 네 가지 사교적인 규범들과 양립할 수 있는가?

대화는 주체가 자유롭게 표현할 수 있는 공간으로 그렇게 인식이 된다. 그런데 생각하는 바를 말함으로써 그는 자신의 대화자와 충돌하고, 그들을 망가뜨리는 것으로 끝나 버리기 때문에 그가 그렇게 할 때는 아주 재빨리 자신의 환경이 막는다. 어떤 상황에서 타인의 과민한 성격을 지키는 것을 거부할 때 주체는 자신이 배제되고 제외되는 것을 안다. 이런 방식으로 극단적인 공식화에 이르게 되는데, 그것에 따르면 진정한 사교적인 존재는 고대 철학학파의 의미로서의 견유학파의 존재가 될 것이고, 그 솔직함이 사교성을 규정하는 존재가 될 것이다. 모든 사회적 타협을 거부하는 견유학파는 대화의 그런 원칙들을 수용하지 않는 모든 이들과의 접촉을 거부함으로써 그들의 사교성을 극단으로 몰고 갔다. 이런 상황에서는 사교적인 대화가 공동체 정신으로 확립한 관계들을 지켜나가는 데 비해서 사회적 의사소통은 인간성의 가능성들을 사라지게 만들 것이다. 이런 의미로 칸트는 이 세 가지 규칙(사생활의 거부, 예의, 타인 존중)을 지키는 것이 어쨌든 대화보다 이야기하는 주체의 마음 상태에 더 많이 기울이는 것을 피하는 최상의 수단임을 이해한다는 조건에서 인간성이 표현될 수 있는 드문 가능성들의 계기들 중의 하나로 대화가 남아 있음을 주장한다. 사실 앞에서 환기시킨 규칙들은 첫번째(사교성의 네 규칙)가 좀더 심오하고, 그 두번째(사회성의 세 규칙)가 좀더

---

16) G. 지멜, 《사교성의 사회학》, Urbi, III, 1980, p.CXII, cité par G. Deleuze, 《시간-이미지》, Paris, Éd. de Minuit, 1985, p.295.

형식적일지라도 상호 보완적이다.

칸트에 따르면 대화는 인간들간의 관계를 왜곡시키지 않고, 이런 관계를 교환 방식으로 축소시키지 않으며, 인간 공동체의 윤리적 환경을 재정의할 수 있는 삼중의 장점이 있다. 이런 관점에서 《판단력비판》의 취미 판단 세번째 계기는, 대화 방식과 개인이 상호적인 환경에서 사용하게 될 방식 사이의 관계를 세울 수 있도록 이론적 틀을 만든다. 사실 칸트식의 대화는 다음의 세 가지 영역에서 이루어진다.

1) **도덕적 · 미학적 영역**: 모든 대화의 전제는 **목적 없는 합목적성**의 표현이다.

2) **철학적 영역**: 모든 대화의 주제는 개인적 경험으로 귀착할 수 있는 심리적 편차를 고집해서는 안 된다.

3) **사회학적 영역**: 사교적 대화는 관심과 감각적 쾌락이라는 취향을 금한다. 그런 점에서 애교, 사회적 유희, 두서없는 대화의 **세속성**에 대한 모든 세 표현을 통한 유희의 모습에서 칸트의 가장 멋진 형식의 사교성을 발견한다.

4. 목적 없는 합목적성의 미학적 영역

"미는 합목적성이 목적의 표상을 떠나 어떤 대상에 있어서 지각되는 한 그 대상의 합목적성의 형식이다."[17] 칸트는 이런 방식으로 미적 판단의 제3계기에서 목적 없는 합목적성에 대한 개념을 피력하고 있다. 칸트에 따르면 취미 판단의 결정 원칙은 그것이 무엇이든

---

17) I. 칸트, 《판단력비판》, §17, Vrin, 3ᵉ éd., 1974, p.76; trad. A. Philonenko.

표상 또는 대상으로 축약된 만족·기쁨·매력 속에서 찾을 수 있는 것은 아니다. 동일한 경우로 거부된 채 감각의 쾌락과 완벽성의 추구를 합목적성과 쾌락의 표현을 동일한 영역에 두게 될 것이다. 그렇지만 쾌락은 결코 욕망의 단순한 능력으로 축소될 수는 없고, 단지 이런 능력의 다양한 결정에 따르도록 만들 뿐이다. 게다가 칸트는 판단력의 **선험적인** 원칙으로서 이런 합목적성을 규정했다. 만약 반성에 의해 야기된다면 쾌락의 감정 역시 **선험적인** 것이다. 어쨌든 목적 없는 합목적성의 특이성은 그것이 놓인 인과 원칙의 불가역성과 관련이 있다. 칸트에게 있어서 목적 없는 합목적성은 결과의 표상이 결과의 원인을 규정한다는 근거로서 그 원인[18]에 선행하는 것이다. 게다가 칸트는 이런 합목적성이 어떤 목적 없이는 어떤 구체적인 관심도 없다는 사실 때문에 주관적이지도, 어떤 관념처럼 자처할 수도 없고 만약 그렇다면 미는 단순히 헛된 정의가 될 것이므로 객관적이지도 않다고 덧붙이고 있다.

대화의 기술 상황에서 대화는 구체적인 목적은 없다. 그렇지만 대화를 이루는 요소들의 총합——그것의 주제들——은 각각이 제 자리에서 완성된 작품의 일종인 대화의 조각을 이루기 위해 필연적으로 균형 있는 배열을 이룬다. 어느 정도는 유희적인 실천처럼 대화는 이중적인 게임을 연출한다. 한편으로는 사회적인 활동——말할 것이 있으므로 대화해야 하는——처럼 나타나고 다른 한편으로는 사회적인 활동에 탐닉——좋은 동행들 사이에서 모인 단순한 기쁨——하게 둔다. 대화는 결국 목적이 정해진 방식으로 행동하지만 동

---

18) I. 칸트, *op. cit.*, §10-11, pp.63-64. 결과(예술 작품)는 원인(미의 관념)을 규정한다. 미(美)는 라파엘로의 화폭에서나 미켈란젤로의 조각을 통해서만 존재하는 것이다.

시에 사회에서의 유희의 기쁨 속에서 자기의 목적을 약화시킨다. 구체화된 목적 없는 합목적성의 상황이 일단 칸트로서는 관계에서부터 취향과 관심을 금지함으로써 형식적인 점에서 사교적인 것으로의 이행을 설명한다. 모든 칸트적 대화의 섬세함은 그것이 공허한 것이 아니라 형식적임을 보여주는 데 있고, 사회적이지 않고 사교적인, 피상적이지 않고 유희적인 것을 보여주는 데 있다. 결국 목적 없는 합목적성을 통해 일상 대화의 본질을 재발견하는 것이 적절하다. 가장 적절한 예는 미의 판단과 같은 목적 없는 합목적성을 표현하고, 이런 규칙의 존재에 대해 의식적이지 않은 규칙에 부합될 수 있는 **두서없는** 대화가 될 것이다.

5. 대화의 철학적 영역

칸트에게 있어서 형식은 형상[19]과 혼동되지 않을 수 없다. 그것은 주어진 대상의 단순한 추상 작용, 윤곽으로 단순화할 수 있는 것은 아니다. 그것은 "그것이 무엇이어야만 하는지는 미규정이지만"[20] 다양성을 하나의 통합으로 단일화하는 것이다. 칸트의 경우 관념을 생산하는 능력, 즉 오성이 통합의 규칙을 만들어 내는 것처럼 친구들 사이의 두서없는 대화처럼 《실용적 관점에서 본 인간학》에서 환기시킨 어떤 심적 경험들이 대화의 불분명하고 왜곡된 측면에도 불구하고 통합의 규칙들을 그런 식으로 말하기 위해 만들어 내는 특권을

---

19) I. 칸트, *op. cit.*, §14, p.68.
20) I. 칸트, *op. cit.*, §15, p.70.

갖고 있다. 두서없는 대화가 관계에 따른 미적 판단처럼 많이 언급된 맥락을 그렇다고 해서 놓치는 법이 없이도, 맥락이 사고의 관념들을 하나로 모으는 오성의 역할을 하면서 모든 방향으로 나아갈 수 있는 가능성을 갖고 있다. 대화의 실마리를 이어가는 관념의 연합은 "규칙에 대한 의식은 없지만 그 규칙에 적합하며, 따라서 오성으로부터 유래하는 것은 아니지만 오성에 적합하게"[21] 수행되고 있다. 그러므로 오성의 통합 규칙에는 부합하지만 그렇다고 해서 이런 규칙에 대한 의식이 있다는 것은 아니다. 대화는 오성이 그러하듯이 통합력을 암묵적으로 행사하는 데도 어느 정도는 그것이 **마치** 모순된 것처럼 어떤 연관도 통제도 없이 만들어질 것이다.

《실용적 관점에서 본 인간학》의 관점에서 본 대화는 결정적인 내용에서 사교성의 원칙이 된다. 일상 대화는 항상 무익하고 평범하며 피상적으로 표현되는데, 칸트에 있어서는 반대로 가장 형식적인 배열인 대화가 바로 필연적이고 연맹 결성 원칙의 종인 인간에게서 인간답게 만든다는 사실의 표현이다. 대화는 또한 대표적인 순수 형태가 될 것이다. 칸트는 이런 관점에서 취향의 금지에 대하여 설명하고 있다. 대화처럼 미의 판단이 제 순수함과 사교적 가치를 다시 문제삼는 것이 아니라면 또한 독특한 취향에 만족할 수도 없다. 친구들간의 단순한 대화에 관한 한 대화하는 주체가 겪게 될 관심이나 취향으로도 귀착될 수는 없다. 만약 그런 경우라면 그것의 합목적성이 드러내기, 반짝임, 번쩍임, 말장난, 장식적인 수사적 효과, 요컨대 끝없는 한담이 될 수사학에 대한 일종의 그릇된 실행으로 요

---

21) I. 칸트, 《실용적 관점에서 본 인간학》, §31, Vrin, 4° éd., 1984, p.54. trad. M. Foucault.

약될 것이다. 반대로 **대화의 기술**은 인간적인 제 역할 속에서 타자를 보호하기 위한 사회의 유일한 수단들 중의 하나로 남는다. 도스토예프스키는 《영원한 남편》에서 대화하는 주체가 가져야만 되는 이런 타자에 대한 존중을 거론하고 있다. 벨차니노프에 대해 말하면서 도스토예프스키는 다음과 같이 썼다. "그는 놀랄 만한 대화의 기술을 갖고 있다. 이 기술이 완벽하게 단순하고 진실한 것처럼 보이는 데 있고, 동시에 단순하고 솔직한 사람들처럼 그들 역시 청중들을 고려하는 자신의 시각을 여기저기 표명하는 데 있다."[22] 그것은 지나치게 수다를 떨며 장황하게 이야기하는, 자신의 이야기에 도취되어 말하는 사회의 사람들에 대한 것은 아니지만 단순히 구변 좋은 사람의 입에서 나오는 소리와 영혼의 상태를 맞아들이는 데 적합한 일종의 용기(容器)나 단순한 수단으로서가 아닌 대등한 존재로서의 대화자를 고려함으로써 대화하는 것과 관련이 있다.

6. 사회학적 영역과 대화, 애교, 사회 유희를 통한
　　취향의 금지

　칸트의 경우 취향은 지식의 논리적 판단이 아닌 단순한 감각 판단에 의한 경험으로 정의된다. 취향은 순수한 감각 작용을 이해할 수도 없게 만들고, 그런 점에서 형식적인 판단에 동조할 수도 없다. 그것은 직접적인 관심 혹은 어떤 목적에 의해 그렇게 정해졌다. 바

---

22) F. 도스토예프스키, 《영원한 남편》, Paris, Gallimard, 〈폴리오〉, rééd. 1988, p.175.

로 그런 이유들 중의 하나 때문에 감각적 취향은 취미 판단을 왜곡한다. 이런 경우 취향은 목적의 표상이 없는 유희적인 실천과 하등 공통점이 없다. "나는 어디에서부터 내 말을 시작했으며, 결국 어떻게 그 지경에 이르게 되었는가"라는 문제에 칸트는 다음과 같이 해답을 제시하고 있다. "사교적인 담화에서 하나의 화제로부터 완전히 다른 종류의 화제로 이탈하는 경우가 있는데, 여기에서는 단지 주관적인 이유로 그런 표상——어떤 사람에게 있어서는 표상의 연상 방식이 다른 사람의 경우와는 다른——의 경험적인 연상에 의해 이끌려 갔다. 그리고 사람들은 일종의 담화 형식의 부조리를 범한다. 그래서 대화를 중단시키고 혼란에 빠트린다. 단지 하나의 화제가 고갈되고 짤막한 휴지가 발생할 때만 누군가가 흥미있는 새로운 화제를 끌어낼 수 있다."[23] 그리고 그는 "사교적인 담화를 시작하는 이는 자신과 가깝고, 시사적인 것으로부터 시작해서 점차적으로 흥미를 줄 수 있는 한 보다 멀리 있는 것에 도달하지 않으면 안 된다. 나쁜 기후는 거기에서부터 서로 동지의 위안을 위해 모인 회합으로 들어가는 사람들의 편리하고 일상적인 주제이다. 왜냐하면 사람들이 방 안으로 들어갈 때 누군가 때마침 신문에서 읽은 터키 소식에 대해 말하기 시작하는 것은, 무엇이 그로 하여금 그것을 이야기하게 했을까에 대해 알지 못하는 다른 사람들에게는 그들의 상상력에 폭력을 가하는 것이 되기 때문이다. 마음은 그런 교류에 어떤 질서를 요한다. 즉 대화에서나 설교에서나 실마리가 되는 표상이나 이야기의 발단은 매우 중요하다"[24]라고 주석에 덧붙이고 있다. 겉보기와

---

23) I. 칸트, *op. cit.*, §31, pp.53-54.
24) I. 칸트, *op. cit.*, §31, n. 10, p.53.

는 반대로 칸트는 대화의 어떤 규칙들을 정의하려고 애쓰지는 않았다. 그의 의도는 단지 대화의 매력이 개인에게 있어 제2상태인 꿈의 인상을 유발하고 사고를 연합하는 상상력의 방식에서 기인함을 보여주는 것이다. 그렇지만 그는 동시에 대화의 주제가 일관적이지 못한 주체의 모습을 비슷하게도 만들고 다양성도 준다는 것을 보여주고 있다. 그렇다고 해서 대화하는 주체가 의식을 가지고서 이런 규칙들을 따른다는 것은 아니고, 상상력이나 자유 연상 게임의 규칙에 맞게 저절로 그렇게 이루어진다. 만약에 이런 규칙을 준수하지 않는다면 대화는 사교적인 상황 속에 포함될지도 모르는 규칙에 대한 의식 없이 맞추는 데 비해서 주체는 살롱의 의례적인 대화를 연출하게 될 것이다. 취향은 그렇게 상호 규칙의 관습들을 뒤섞음으로써 대화의 사교적인 특색을 왜곡한다. 반대로 칸트가 거론한 몽상의 상태는 이해타산이 없고 핑계나 수단이 아닌 인간을 평범한 겉모습을 한 주체로 만드는 친구들 사이의 **두서없는** 대화처럼 사교적인 대화를 만들어 낸다. 사실상 윤리적인 형태 속에서 인간성을 드러내는 표현인 대화는 무엇보다 상호적인 행동의 한계를 지킨다. 예를 들어 《수전노》에서 몰리에르는 아르파공이 어떻게 증여도 계약도 모르고 목적이 아닌 수단으로 인간을 만들어 버리고, 교류도 인식하지 못한 채 끝장이 나는지를 보여주고 있다. 아르파공은 인간 기질의 이중성을 드러낸다. 한편으로 그는 강박관념으로 고통을 겪더라도 예의를 보여주는 사람으로 나타나고, 다른 한편으로는 인간으로서의 자신의 위상을 거부하는 인간의 모습으로 나타난다. 아르파공이 자신의 열정·탐욕을 실현하기 위해서 전적으로 사람들은 수단일 뿐이다. 돈의 첫번째 기능이 첫번째 제 원칙인 인간 관계에서 벗어날 때는 모든 종류의 조절들을 악화시키게 된다. 그것은 비-교류, 비-상호성, 비-사교성의 수단 그 자체가 되어 버린다. 교류와 자신과의 관계를 잃어버린 아르파공은 사람들을 인위적인 관습에 몰아넣음으로써 사람들과의 관계도 동시에 잃어버리는 것처럼 축재 과정 속으로 들어가기 위해 스스로 경제적인 과정에서 이탈한다. 《수전노》에서 제기된 이런 경제적인 문제에서 몰리에르는 아르파 공이 자신의 목적을 충족시키기 위한 수단으로서밖에 인간성을 고려하지 않았던 바로 그 순간에 도덕적인 관점을 덧붙이고 있다. 부의 축재는 반-경제적인 축재가 되어 버린다.

만약 어떤 병리학적인 행동이 있다면 그 속에는 상호성이 어떤 의미를 가지게 될지도 모르는 정상적인 행동 역시 존재한다. 문제는 이런 상호성이 필연 또는 가능의 차원인지를 아는 것이다. 칸트로서 이런 관점에서의 취향 금지는 대화를 매력 있는 예의범절로 한정시키지 않아도 될 필요성과, 특히 이런 취향이 대화를 대체한다는 사실을 결코 용납할 수 없다는 의지에 부합하는 것이다. 자기 자신의 내면에 사로잡힌 취향이 어떤 쾌락 또는 만족을 불러일으킬 수 있다는 것이 사실이더라도 이런 쾌락 또는 만족은 감각의 차원이지 결코 취미의 차원은 아니다. 그렇지 않다면 대화는 타산적으로 변하고, 형식에 질료를, 규칙에 대한 의식을 규칙에 합당하게 대체한다. 미와 마찬가지로 대화도 사회 생활이 연출하는 모든 허상을 거부할 의무가 있다. 하나의 관심이나 한 대상의 존재로 축소될 수 없는 취미 판단에 대해서도 마찬가지이다. 취향이 관심사로 인해 취미를 어지럽히듯 취향은 잘못된 수사의 사용으로 대화를 어지럽힌다. 정반대임에도 불구하고 내용의 부재로서 그 개념이 **선험적으로** 지각되었기 때문에 이런 상황에서 칸트의 형식적 개념은 혼동을 유발할 여지가 있다. 형식은 사실상 내용에 의미를 부여하고 상호적인 행동의 필요와 최상의 보편적인 방식을 나타낸다. 대화의 실행에 있어서 형식적인 면은 대화를 지켜나가는 일종의 필연이다. 대화가 형식적이기 때문에 바로 그 내용이 표현될 수도 사라질 수도 있는 것이다. 실용적인 인간학의 세계에서 대화, 애교, 사회 유희와 같은 일상 생활의 유희 형태는 칸트가 **사교성**이라 불렀던 것을 파악할 수 있게도 해주지만 형식적인 개념 역시 더 잘 이해할 수 있도록 해준다. 애교나 대화 또는 사회적인 유희처럼 놀이 태도에서 사교성이 이중적인 의미를 가지는 이유는, 하이데거가 생각하는 제 본성(그렇다고 해서 우리가 본 것처럼 그것을 **지나치게 과장하는** 것이 아니라 세상을 하나로 잇는 부실한 가교의 의식을 가진 사교계 사람으로서)을 알아보는 진실한 주체에 대하여 말한다는 의미에서의 진실만큼 사교성이 세상(사회에서 이야기하는 사교계)에 존재하는 무의미함도 표현하기 때문이다.

목적 없는 합목적성, 형식, 취향의 금지에 대한 여러 양상들은 지멜이나 타르드와 같은 일부 사회학자들이 대화를 정의하는 방식에 대하여 구체적인 영향력을 행사할 것이다. 게다가 예를 들어 지멜이 사회학적인 방식에 적용하기 위해 **순수사회학**과 **형식사회학**의 개념을 어떻게 사용하는지, 그리고 이것이 칸트적 관점에서는 어떤지를 보는 것은 의미심장한 일이다. 칸트가 세운 사회적인 것과 사교적인 것, 형태와 질료, 목적 없는 합목적성과 관심 사이의 대립항들을 인용함으로써 지멜은 **순수사회학 또는 형식사회학의 예로 사교성**[25]을 **형식적** 개념을 통해서 대화의 관례에 대한 아주 정교한 분석을 제시하고 있다. 지멜은 목적 없는 합목적성, 사교적인 것과 사회적인

---

25) G. 지멜, 《사회학과 인식론》, Paris, PUF, 1981, p.121.

것을 구별해 주는 취향을 대립시켜 자신의 분석을 시작하고 있다. 그가 사회의 순수 형식들이 내용의 모든 고착으로부터 자유롭게 될 거라고 확신하는 이유는 그것들이 "그 자체를 위해서, 그리고 이런 해방 덕분에 전파되는 취향을 위해 전개되기 때문"[26]이라는 것이다. 사교성은 그래서 사회의 순수한 형식들을 충분히 표현한다. **사교성에 대한 충동**은 목적 없는 합목적성이 관계에 따른 미적 판단이듯이, 말하자면 판단 원칙이 된다. 인간 구성원들 속에 존재하는 상호 관계인 이런 사교성의 형식적인 용어가 칸트의 경우에는 formel로, 지멜의 경우에는 formal로 표현된다. 사교성의 순수한 또는 **형식적인 형태**는 똑같이 상호 관계의 수단으로 드러난다. 사교성은 교류의 원칙으로 축소되지 않고 사회의 흐름을 정의하고 제어한다. 또한 사교성에 대한 형식적인 특징은 개인들간의 주관적인 상호 관계에서 기인하는 모든 갈등의 형태들을 제거할 수 있게 해준다. 지멜의 경우 사교적인 사회만이 "순수 형태를 나타내 주기 때문에"[27] 사회에 존속한다. 그때부터 칸트가 정의한 사교성을 바탕으로 지멜은 애교, 사회의 유희, 대화와 같은 사회화의 유희적인 어떤 형태들로부터 취향에 관한 그의 모든 비평을 펼칠 것이다. 이런 여러 가지 놀이 표현들은 사회 생활의 순수 형태를 포착할 수 있는 수단이고, 순수 사교성의 상태에 이르기 위한 관심에 대한 모든 타협을 거부하는 수단이다. 지멜은 칸트적인 인간학을 통해 사교성의 순수 표현인 이런 여러 놀이 형태들을 조절하기 위해 '재치'[28]의 개념을 정립했다. 그것은 칸트가 상호 작용과 무관심이라는 이중적인 개념을 좀더 잘 표

---

26) G. 지멜, *op. cit.*, p.124.
27) G. 지멜, *ibid.*, p.125.
28) G. 지멜, *ibid.*, p.126.

현하기 위해 '사생활 존중'이라고 부른 개념이다. 이것의 의미는 개인들 사이의 다양한 상호적인 행동들이 사교 생활 속에서 실현될 수 있도록 모든 타산적인 관계는 금한다. 더 이상의 관심도, 에고이즘도, 교류도, 사회적인 형식화도 없이 단지 개인의 숭고한 가치를 이루는 것만을 추구한다. 상황·지식·부·개인의 미덕과 같은 주체의 특이한 조건에 대한 조급한 판단은 더 이상 없기를! 달리 말하면 그것은 대화하는 주체의 사회적인 위상 만들기를 거부하는 것과 관련이 있다. 심한 변덕, 심리적인 방황, 기분이 좋고 나쁜 그런 마음의 상태처럼 주관적인 전제들이 너무도 개인적인 이유로 사교성과 무관한 것처럼 객관적인 고려도 사교성의 개념과 무관하다. 지멜은 동일한 개인이 익명의 환경에서 좀더 자연스럽게 행동하는 데 비해 사교적인 영역에서는 타인의 시선에 영향을 받기 때문에 그와 같은 개인을 허용하지 않는 내면적인 상황에 대하여 언급하고 있다. 대화가 과연 이런 딜레마로부터 벗어날 수 있게 만드는가? 대화가 개인주의——집단과 함께, 혹은 집단이 배제된 주체——의 딜레마를 피함으로써 구성원에 대한 그들의 상호 작용들을 눈에 띄게 하고, 수단이 아닌 목적을 인간에게 만들어 주는 윤리적 원칙을 내세우는가?

첫번째 질문에 나는 대화에서 지킬 것이 있다면 그것은 물론 사회적 활동이 아닌 사교적 행위에 의해서일 것이라고 지적함으로써 이미 앞에서 대답을 했다. 두번째의 경우에는 칸트식의 전제된 연구가 인간성이 윤리적인 만큼 심미적인 형태인 목적 없는 합목적성을 통해 표현되어야 함을 우리가 주목하도록 유도한다. 대화하는 주체에게 있어 타자는 목적이 되는 이상 그에게 있어 대화는 이런 미학적·윤리적[29] 해결책을 충분히 드러내 주는 가능성이 될 수단은 아니다. 사실 놀이 활동으로서 **형식적인 사교성**의 외형이 대답의 한 요인을

제공해 준다. 만약 아양 또는 사회의 유희, 대화를 허용하는 취향의
금지를 다시 취한다면 신중함과 재치의 의미로서 다양한 활동의 작
용 규칙들이 존재함을 확인하게 된다. 이런 다양한 놀이 형태들은
내용도 소재도 없이 표현되는 장점을 가진다. 이것들은 그러한 목적
으로는 관심도 없이 인간성의 형상을 충분히 표현하고 있다. 예를
들어 신중함으로서의 재치의 의미는 개인을 결정하는 영혼의 상태
나 심리적인 일탈을 내버려두지 않는다는 장점이 있다. 대화하는 주
체의 첫번째 특징은 사교성의 순수 형태를 표현할 것이라는 점과, 두
번째는 인간에게서 감정적이거나 **심정적**으로 되는 것을 피하도록 하
기 위한 조절의 문턱을 세우게 될 것이라는 점이다. 지멜의 경우에
재치의 의미나 칸트의 경우 주체의 사생활로 침투하기를 거부하는
것들이 17,18세기에 파스칼이나 보마르셰가 이미 세웠던 것과 같은
자아 비난 속에서 우리가 찾은 이 두 가지 특징들을 현실화해 주는
수단들이다. 집단이 제 자신이 되지 못하게 하기 때문에 집단 속에
받아들여진 자아가 존재하지 않는 것처럼 공동체에 관련하여 정의
될 뿐인 자아 혼자서는 아무것도 아니다. 해결책은 단지 주체로서
의 사람과 집단으로서의 주체를 구분하기 위한 끊임없는 왕래에 대
해 자문하는 것일 뿐이다. 그러나 여전히 거기에는 사람이란 이것을
통해서만 배우가 역할 또는 인물의 성격을 띠고, 주체는 표면적인
객관성을 이용해서 단지 존재하는 **가면**(페르소나)을 우선 의미하기
때문에 이 모든 개념들이 모호하다. 이런 상황에서 결정적인 해결책
은 없지만 대화는 그런 것에 개의치 않는다. 아마도 사교성의 순수

---

29) 칸트에게 있어서 미학적인 배치물은 그것을 잊었을지도 모르는 이들에게 목
적 없는 합목적성의 표현이 윤리적인 전제만큼이나 미학적 원칙이기도 하다는 것
을 재확인시키는 것이다.

형태만이 구체적인 대답을 분명히 잘 가져다 주지 않는 사회 생활의 모든 나약함을 평가할 수 있는 좋은 수단으로 남을 것이다.

칸트와 지멜에 따르면 재치의 감각을 지닌 신중한 사람인 대화하는 주체는 집단에 대한 주체로서의 자기 위치에 대한 물음을 스스로 제기하는 것을 금할 터이다. 그는 사교적인 태도로부터 사회적 행동을 구분짓는 문턱을 단순히 고찰하는 것으로 그칠 터이다. 더더구나 사회적이고 사교적인 태도들간의 문턱에 대한 생각조차도 자유에 관한 칸트적인 개념과 분리될 수는 없다. 사교성에 대한 확신도 사실 자기의 부정성, 달리 말하면 칸트가 두 개인들 사이에 자유의 정도를 결정하는 도덕법——**너의 규범을 보편적인 법률로 삼을 수 있을 정도로 하라**——의 공리와 같은 식에서 생기는 한계들로부터 나올 것이다. 사교성에 부가된 강압은 인간에게 자유를 보장해 주는 도덕법에 의해 부가된 강압처럼 개인의 인간성을 보장해 준다. 지멜의 공식에 따르면 "각자는 자기 스스로 수용할 수 있는 최대의 가치로 양립할 수 있는 타자의 최대 사교적인 가치를 일치시켜야만 한다."[30] 어쨌든 지멜은 어떤 점에서 대화가 사교적 공간을 결정하는지, 어떻게 개인들 사이의 상호적인 행동들을 화합시킬 수 있는지는 명시하지 않았다.

분명해진 칸트적 인간학에 대한 지멜의 해석에서 개인이 자신의 사교성을 분명히 하기 위해 어떤 방식으로 유희 형태를 사용할 것인지를 보는 것이 남아 있다. 만약 앞서 거론한 이런 유희 형태들 중에서 대화, 사회적 유희, 애교만이 존속되었다면 그것은 칸트가 《인간학》에서 거론한 것 때문만은 아니라 각자가 사교적인 태도들을 중

---

30) G. 지멜, *op. cit.*, p.127.

요한 방식으로 연출했기 때문이다. 게다가 세 가지 모두 동일한 윤리적·심미적 구성 요소들을 가지고 있으며, 그 형태들 또한 순수하다. 달리 말하면 그것들은 경험에 의해서 결정된 것도 아니며, 그리고 이해타산도 없다. 즉 구체적인 목적에 따르지도, 미리 한정된 대상을 목표로 정하지도 않는다. 이런 놀이 형태의 다른 특이점은 수많은 일상 생활의 상황에서 찾을 수 있는 방식에서 기인하는 것이다. 그렇지만 우선 경박하고, 그 다음에는 무익하고, 잉여의, 재미없는, 게다가 피상적인 것처럼 보여도 아무튼 이런 경박한 겉모습 뒤에는 이런 유희적인 형태들이 개인의 사교적 특징을 충실히 표현하고 있음에는 틀림없다. 그리고 이것들은 주체의 윤리적 특징을 드러내는 수단이기도 하다. 그렇게 실제로 행동하는 주체가 된다는 것은, 칸트의 경우에는 자기 사교성에서 벗어난다는 의미가 아니라 그 반대로 형태적 또는 **형식적** 장에서 자유롭게 내버려둔다는 뜻이다. 그러므로 가장 경박한 것들이 좀더 깊은 심오함을 증명한다. 애교·대화·사회적 유희는 이런 일종의 이중적인 겉모습을 지니고 있다. 한편으로 개인이 비방하는 이런 유희적 표현의 피상적인 측면이 있는가 하면, 다른 한편으로는 순수하고 조절적인 형식적 측면이 있다. 이런 다양한 표현들은 **마치** 칸트적인 미학**처럼** 작용한다. 만약 양——관념이 없고 보편적으로 마음에 드는 것으로서의 미(美)——에 따른 미적 판단의 보편성에 관한 칸트의 표현을 빌리자면, 항상 양에 따른 취미 판단은 논리적 판단만이 그것을 가능하게 하므로 모두의 동의를 전제하지는 않는다. **마치** 이런 판단이 논리적인 본성에서만 나오는 것**처럼**, 그리고 **마치** 그 지지가 규칙의 특수한 경우인 것**처럼** 한다. 사실상 우리들은 보편적인 동의의 전제에 근거한 일종의 특이한 보편성인 주관적으로 근거한 보편성에 직면해 있다. 이런 무익하고 유희적인 형태들은 모두 **마치 ~처럼** 작용할 것이다. 그것들은 근거도 없고 무익하며 평범하지만 동시에 사회 생활에서 작동하는 방식을 고찰할 수 있는 최상의 수단이 될 것이며, 우리들 상호 행동에 관한 일종의 혜안인 심오한 시각을 제시할 것이다. 이런 각각의 형태는 사실상 동일한 방식으로 작용한다. 이런 형태들은 모든 상호 행동을 만들어 내고, 무익하고 순수하고 **선험적이기** 때문에 사회에 관한 모든 순수 형태들이다. 이것들은 사회에서의 삶을 유희적인 영역에서 표출시킨다. 즉 결코 정의한다고 우기지 않고 자유자재로 하기 위해 일상 생활의 규칙을 관찰하는 수단이다. 이 모든 것은 지멜이 하나의 대안으로 제안한 애교의 방식이다. "애교의 특징, 그것은 비스듬한 시선, 반쯤 틀어진 머리이다. 거기에 얼굴을 옆으로 돌려 자신의 주의를 순간적으로 타자에게로 향하고 남모르게 하는 양 상징적으로는 거부의 몸짓으로 머리와 몸의 방향을 반대로 트는 것이다."[31] 사회적인——좀더 부자연스럽고 실용적인 측면에서 유희적인 실천——것과, 사교적인——동일한 이런 유희적 태도들에서 좀더 진실하고, 심오하고, 인간적이고, **형식적인**——것 사이의 이런 유의 왕래는 사실 좀더 하찮은 것에서 엄격한 것으로, 좀더 피상적인 것에서 정렬된 것으로 동요하는 균형의 게임이다. 애교는 사회적인 유희가 내보이는 가볍고 재미있는 실천과 마찬가지로 아주 암시적인 예와 아니오 사이에서 주저한다. 대화는 실용적인 것에서 형식적이고 적극적인 영역으로 넘어간다. 예의범절(대화하는 주체가 말하고자 하는 바를 보여주기 위함과 마찬

---

31) G. 지멜, 《사랑의 철학》, Paris, Rivages—Poche, 1988, p.126, trad. S. Cornille, P. Ivernel.

가지로 증명하기 위해 존재하는)의 통상적인 사회적 실행은, 대화(대화하는 주체는 증명하기 위해서도 보여주기 위해서도 아니라 단순히 대화하기 위해서, 존재하는 것에 대해 자문하는 개인의 모든 깊이를 드러내는 가벼운 게임처럼 단순히 상호적인 행동을 인식하기 위해서이다)의 사교적인 실행과는 양립할 수 없다.

가장 무익하지만 또한 가장 형식적인 이 세 유희 형태들은 사교성의 형태처럼 각각 표현한다. 그렇지만 이런 상호적인 행동들이 가장 많이 드러나는 형태는 가장 형식적인 놀이 표현이지만, 또한 가장 심오한 사교성의 표현인 대화가 남아 있다. 대화의 실행은 칸트가 자신의 《판단력 비판》에서 정립한 형태와 형상 사이의 대조를 확인시켜 준다. 지멜은 이런 사교적인 실천에 대해 "순수한 사교적인 대화에서 담론의 질료는 이제 파롤의 생생한 교환이 그런 식으로 펼쳐지는 친화의 필수 불가결한 매체로밖에는 남지 않았음을"[32] 지적하고 있다. 대화는 객관적 내용(**형상**)과 주관적 겉모습(**형태**) 사이의 일종의 이중적 게임을 충족시킬 것이다. 한편으로는 순수 형태를 드러낼 사교적인 면이 있을 것이고, 다른 한편으로는 관심을 가진 객관적 내용, 대화의 경향이 있을 것이다. 대화가 내용·교류·관심을 갖게 되자마자 **수사적인** 실행이 되기 위해서 사교적인 제 측면을 잃어버리게 될 것이다. 대화는 하나의 목표를 갖겠지만, 그런 사실이 모든 사교적인 대화가 목적이 없음을 의미하는 것은 아니다. 사실상 사교적 대화의 틀 속에서 합목적성의 추구는 하나의 규칙에 대한 인식에 따라서 이루어지는 것은 아니지만 규칙의 정신에 맞추어서 이루어진다. 이것은 사교적인 대화가 흥미도 없고 무미건조하며 무익하

---

32) G. 지멜, 《사회학과 인식론》, Paris, PUF, 1981, p.131.

다는 것을 의미하는 것이 아니라, 오히려 그 반대로 이런 대화의 힘이 개인적이고 주관적이며 은밀한 형식화로 결코 축소될 수 없는 중대한 문제를 제기할 수 있다는 사실에 기인하고 있다. 우리들은 지멜이 거론한 **문턱**의 개념을 사실상 재인식하게 된다. 사교성은 형식적 대화와 그렇지 못한 것을 구분하도록 문턱을 조절한다. 그런 대화는 이런 세부 사항이 감정, 경멸, 영혼의 상태, 후회나 무례를 허용하게 되는 순간부터 이런 열정적인 태도가 바로 사교성의 부분을 제한하기 때문에 세세한 것으로 들어가지 않는다. 지멜이 "말하자면 단지 관계로서만 존재하고자 하는 관계의 실현"[37]처럼 사교적 대화를 거론했을 때, 그는 목적 없는 합목적성의 본성에 관한 칸트식의 질의를 인용한 것뿐이다.

여기에서 그라시안이 발전시킨 궁정인들의 그런 태도들은 윤리적이고 미학적인 덕목과 대화의 **형식적인** 가치를 보여준다. 궁정인은 아주 신중하게 대화 상대자의 사생활 속으로 들어가는 것을 재치 있게 거부하면서 대화하는 자이다. 단순한 겉모습 그 이상으로 궁정인들의 사회에서 재치라 불렀던 것이 공허한 것은 아니지만 실제로 예절의 규범, 예의의 표현으로서 그 속에서는 좀더 세련되고 진실한 사실상의 형식화(사회화)였던 것이다. 궁정인은 왜곡된 방식이 아닌 이런 관계의 기제 전체에 대한 분별 있는 사용을 할 줄 알았다. 겉모습과는 다르게 궁정인들의 예의범절이야말로 귀족에 대한 규칙의 부담스러움과 중압감을 벗어나는 길이다. 궁정인의 입장을 위선적인 태도나 진실한 태도로 이해하는 데는 그렇게 두 가지 방식이 있다. 그것은 미루어 생각해 본다면 아첨하는 궁정인의 관계

---

33) G. 지멜, *op. cit.*, p.133.

가 만들어 내는 것보다는 오히려 청취의 의미로 개인을 존중하는 **대화의 기술**에 대한 정신 상태에서이다. 결코 궁정인은 대화가 끊이지 않도록 하기 위해서 말한다거나 다양한 장식적인 수사로 영역을 점령하려 하거나 한다는 것이 아니라, 오히려 라브뤼예르가 《인물론》에서 "대화의 재치는 타인들이 그것을 찾도록 만들기보다는 그것을 덜 보여주는 데 있다. 그러므로 자신과 자신의 정신에 만족하는 당신의 대화에서 나오는 것이 완벽하게 당신다운 것이다"[34]라고 묘사한 상호성, 즉 신사들간의 어떤 상호성을 허용하는 분위기와 환경을 만들어 내는 대화인 어느 정도는 17세기 테이블에서의 그런 기술을 보여주기 위한 것이다.

7. 녹음기 인간의 정신분석적 대화

대화가 가능하게 하는 상호적인 행동은 타자의 재인식에서부터 형성된다. 정신분석 대화가 너무 자주 실현 불가능한 뜻밖의 역설인 한 그것은 결국 치료상 폭로인 단순 치료 기능으로 되지 않고, 그런 행동들이 대화 상대자의 감춰진 특징들을 간파하게 하는 데 있어서는 거의 정화 기능을 갖는다. 비록 문화적인 뒷받침이 분석적 해석에 있어 보루로 사용된다고 하더라도 종종 경제적이거나 지적인 교류로 결정된 정신분석적 대화는 진정한 대화가 아니고, 독백이 진정한 독백이 아니며, 보답은 진정한 보답이 아니고, 질병도 진정한 질병이 아니다……. 예를 들어 **녹음기 인간**에 대한 정신분석적 대화

---

34) 라브뤼예르,《인물론》, §16, **Paris, Éd. Garnier**, 1986, p.159.

는 그 효과들이 항상 피분석자가 기대한 바가 아닌 탈영토화 과정을 연출한다. 이런 상호 관계의 합목적성은 정신분석 기관에서 인정하는 어려움인 일종의 **총칭적 오해**뿐만 아니라 **피분석자**가 듣고 싶어 하는 것과 분석가가 정말로 해석하고자 하는 것 사이의 불일치에도 연결된다. 실제로는 **미메시스**와 다원 결정이 그것과 어떤 관련이 있다. 정신분석적인 대화는 일종의 구순성(口脣性)에로의 회귀를 반영하고, 또 실제로 모호한 상황을 초래한다. 그 이유가 한편으로는 구순기의 성이 필연적인 것처럼 이런 상황에서는 음식물이 되어 버리는 말을 주체는 필요에 의해 하고, 또 다른 한편으로는 이런 구순성이 끊임없이 좀더 잘 먹고 뱉도록 하는 헛헛증 환자처럼 대화를 참을 수 없게 만들기 때문이다. 대화는 헛헛증이 자신의 부족(감정적인 결핍의 결과)을 보상하듯이 보상 형태(언어 결핍의 결과)를 취할 것이다. 두 경우 성적인 형태는 동일한 것이다. 주체는 대화하기를 원하지만 너무 자극해서 녹초가 되는 구순기의 쾌감처럼 정신을 복잡하게 하는 것으로만 끝나지 않는 그런 말들로 자신의 대화를 괴롭힌다. 너무 많은 말, 너무 많은 음식, 그러나 매번 환자는 자신에게서 벗어나는 이런 관습의 피해를 입는다. 더더욱 자신의 세계에서는 병이 종종 단어에서부터 오기 때문에 정신분석이 이런 행동의 병리에 대해 하나나 여러 해결책을 가져다 줄 수 있다고 주장함에도 불구하고 **녹음기 인간**의 해석에서 사르트르는 이런 치료 상황에서의 상호 작용은 불가능하다고 밝히고 있다. 환자 **A**와 의사 **X** 사이의 대화가:

"— A: 해명을 듣고 싶소. 중대한 설명 말이오. 나에게 대답을 해 보시오……. 자, 친절을 베풀어서. 앉으세요. 화내지 맙시다. 자, 그러니까 '페니스의 절단,' 그렇지 않습니까? 내 아버지가 나에게서 원했던 (…) 아닌가요? 뭐였죠?

— 의사 X: 잠시 내 말 좀 들어 보세요. 당신은 대화를 나눌 상태가 아니오"[35]라는 말들로 끝났을 때, 사르트르는 정신분석 지식이 이런 단순한 딜레마보다 훨씬 더 복잡하다고 인정할지라도 상호성에 대한 문제가 해결되지 않은 채[36] 제기되었다고 결론짓고 있다. 이런 양상에서 역할들이 경우에 따라서는 전도될 수도 있지만 상징적인 방식으로 구성되어 있기 때문에 어떤 순간에도 행위에로의 이행이 상호적 행동을 결정할 수는 없다. 거기에서 유래한 **미메시스** 역시 의례적으로 남아 있고, 환자의 독립성은 치료상의 의존 관계를 벗어나서는 구성될 수 없다.

칸트적 표현을 빌리자면 정신분석적 대화는 규칙——그 속에서는 환자가 치료 가능한 말의 수단이 될 **전이적 조절 메커니즘**——을 의식하면서, 그렇다고 해서 병적인 말의 규칙——**실천**——에는 부합되지 않고 조성된다라고 말할 수 있을 것이다. 목적 없는 합목적성——분석가와 피분석자 사이의 상호 주관적인 협력 관계——을 구실로 삼음으로써 분석적 조절들은 불확실한(병든 말에서부터 규범적이고 조절적인 말에 따르는 규칙) 관심의 교류만을 허용한다. 정신분석적 태도들이 그 치료가 어쨌든 병든 주체에게 있어서는 인간성의 토대를 되찾는 첫번째 기능을 갖는 한 특기할 만한 역설인 대화 가능한 환상만을 사실상 새로이 만들어 낸다. 칸트가 도덕적인 전

---

35) 《현대》, avril-mai 1969, n° 274, p.1825.
36) 사르트르 기사, 《현대》, avril-mai 1969, n° 274, p.1816: "자기 담론의 보이지 않는 침묵의 증인이 자신의 유일한 현전으로…… 등을 돌린 이 남자와 보이지 않고 포착할 수 없으며, 어떤 상호성도 없이 앉아 있는 이 남자와의 사이에서는 가질 수 없을 거라는 단순한 이유로 환자 자신의 입에서 말을 대상으로 변환시켜 버린다."

제, 그리고 보편적 법의 제창이라 부른 인간에게서 인간성이 존재하는 바를 찾기 위해 애쓰는 궁정인들의 규범보다 더 분명한 그런 것은 없다. 요컨대 궁정인은 재치 있는 말도 웅변술도 지향하지 않고, 단지 적절하게 말하는 쾌락만을 추구한다. 반대로 위선적인 사람은 대화를 나누지도 않고, 오히려 그들은 이른바 적절한 단어라 일컬어지는 의미 없는 간투사를 거의 메아리처럼 되받아 아양이나 호기·자부심을 지향한다. 서로 자축함으로써 그들은 **얼마나 시의 적절한 말인가! 어쩜 그렇게 멋진 말을! 굉장한 재치군! 얼마나 적절한 말인가!**와 같은 케케묵은 표현들로 자족한다. 반대로 재치 넘치는 이는 대화 속에서 타인과 분리되는 모든 거리를 조절한다. 거리이기도 하지만 또한 타인에 대한 사랑과 존중의 의미이기도 하다. "재치 넘치는 두 사람간의 대화는 그들 중의 한 사람이 암시적으로 표현하고, 다른 한 사람은 그 모든 생각을 이해하는 꽤 유쾌한 장면이다. 우선 첫번째는 민첩한 정신으로 들을 수 있도록 구체적으로 충분한 것만을 말하는 그의 섬세한 신중함을 보게 되는 기쁨이다. 두번째로는 사람들이 감추는 모든 것을 꿰뚫어 보는 예리한 통찰력이다. 첫번째 것은 화제의 요점을 가볍게 훑고, 두번째는 사람들이 그에게 제시하는 바를 겉으로만 파고들며 이해한다."[37] 그렇다고 해서 대화의 주체가 은밀하고 개인적인 것이 아니라 궁정인들간의 대화는 완곡 표현을 이해하는 사람들간의 일종의 사적 대화를 유발할 거라는 점이다. 아첨도 기회주의로서도 아닌 단순한 주의와 청취로서 그 속에서 인간은 수단이 아닌 목적으로 존재하게 된다. 이런 조건에서 대화의 가볍고 유희적 측면이 자신의 준엄함과 인간성을 최

---

37) B. 그라시안, 《보편적인 인간》, Paris, Plasma, 1980, p.72.

상으로 보장해 주게 된다. 지멜과 마찬가지로 칸트의 경우에서도 **대화의 기술**은 사람들 사이의 상호 행동 속에서 인간성을 되찾게 해주는 최상의 수단으로서 표현된다. 실제로 규칙에 대한 의식 없이 대화를 하지만, 이런 사교적인 도덕적 장소를 되찾기 위해 규칙에 부합한다는 것이 맞다. 어쨌든 칸트적인 시각은 대화의 난관에 충돌할 것 같다. 주체는 말을 하고, 소통하고, 사회적이고, 그리고 사교적이 된다. 그는 대화를 하고, 그리고 나서 그가 생각하는 바를 말하고, 혼자 말을 하는 것으로 끝내며 이어 입을 다문다. 타르드가 강조한 것처럼 단순히 대화는 "기쁨으로, 유희로, 예의로 말을 하기 위하여 직접적이고 즉각적이며 유용성이 없는 대화"[38]가 되어야 하는데도 대화는 사물이나 사람들에 대해서 생각하는 바를 말하기 위하여 거기에 존재하기도 하지만, 종종 사회적인 삶의 상호 주관적인 관계라는 암초에 제약을 받기도 한다. 대화는 달리 말하면 수사학자의 언사 과정에 의하여 경직화되지 않고, 파롤 표현을 유일하게 고려하는 어떤 저의도 없는 장소이며, 매력적이고 경쾌한 인간적인 온정의 표현이다.

영화인 타티는 방식은 다르지만 보완적인 수단으로서 구체적인 상황을 통해 영화 《나의 아저씨》(1958)에서 대화의 사교성에 관한 이런 성향에 대한 연구를 계승하고 있다. 아펠 부인 집으로 이웃집 여자가 방문하는 장면에서 타티는 가장 일반적인 것——아이(제라르), 소유 관계(집), 애정 행동(남편을 찾아서 외톨이가 된 이웃 여자), 소비의 행복(음식물)——들이 일상 대화에서 미묘한 차이를 내는 고전적인 유형을 연출하고 있다. 결국 모든 요인들이 이런 공생 관계를

---

38) G. 타르드, 《사회적 심리에 대하여》, Toulouse, Privat, 1973, p.140.

만드는 데 필요하다. 타티의 독특한 영화 세계에서는 이런 시퀀스의 대상 전체가 어떻게 사회 규범의 증식(도시 생활의 초-유기적인 망)으로 진실성이란 코드의 감소와 대화의 감소로 진행되는지를 보여주는 데 있다. 그에게는 소구역과 현대 사회라는 두 세계 사이에 계급이 아닌 인간적인 투쟁이 존재한다. 그 투쟁의 하나는 생생한 공생 관계와, 또 다른 하나는 엄격하고 의례적인 두 배치 사이의 투쟁이다. 그는 자신의 영화가 나오자마자 다음과 같이 대화 방식에 관해서 선언했다. "나는 기하학적인 선들이 사랑스러운 사람들을 표현할 수 있다고 믿지 않는다." 만약 그와 동일한 장면을 인용한다면, 한편으로는 단순히 가까운 장소가 사회적인 관계——아펠 부인과 그의 이웃 여자는 바로 옆에 나란히 살고 서로를 알기에——를 세우는 데 충분하다는 것과, 다른 한편으로는 타티의 인물들이 존재하는 곳에서는 교류의 성질이 정형화된 세계의 모든 공허를 표현하고 있음을 관찰할 수 있다. 영화 내내 그녀의 집으로 방문할 때 아펠 부인이 표명하게 될 유일한 개념-문장은, 그녀의 거주지에 대한 특징을 부여하기 위하여 **아시다시피 모든 것은 통합니다**라고 말하는 것이다. 어떤 대화도 만들어 내지 않고 **모든 것이 소통하는** 장소인 사회적 삶의 장소가 있지만, 반대로 대화에 방해가 되고 제동을 거는 장소가 있다. 건축가-남편은 오늘날 우리가 말하는 홈 오토메이션이 되는 깨끗하고 통풍이 잘되는 장소를 구상했다. 어쨌든 이런 장소는 외부적 · 기능적으로 너무나 자주 부재중인 이런 공허한 대화를 보상하는 데는 충분하지 않다. 그래서 소통이 아니라(왜냐하면 끊임없이 소통하므로) 대화하기를, 달리 말하면 솔직히 표현하기를 이웃집 여자가 원하는 희박한 순간들은 그러므로 어떤 효력도 없다. 매번 아펠 부인은 찬성의 표시로 동정의 미소를 보내는데, 그 미소는 이웃집 여자가 기대하는 안도감과는 결코 비교도 안 되는 것이다. 아펠 부인과는 거리가 있는 모든 스토아적인 동정! 장소(주방·차고·정원)들에 대한 고도의 테크놀로지에도 불구하고 아펠 부인의 집과 현실적으로 이상한 배치와 꼬리도 머리도 없는 말의 교류에서 떠도는 기이한 일상성.

그렇게 매번 대화할 때 우리는 사회적 조절의 동일한 관례를 찾아볼 수가 있다. 즉 모든 친밀함을 넘어선 주체들에 관한 대화인 가능한 한 덜 말한다는 조건에서의 대화와 사회적이고 정중한 태도(아펠 부인이 자기 아들 조르주에 대하여 불평하는 방식을 보라. 그는 아무 말도 하지 않는데 건방지다고 그녀는 판단한다)를 제외하고는 대답하지 않는 대화가 있다. 결국 거기에서는 합의 정신과 공생을 가장 잘 표현하는 것이 문제이다. 이런 사회적 환경에서는 대부분의 일상적인 상황들이 미래의 모든 대화 형태를 악화시키는 해로운 위험을 내포한 이런 의례적인 조절을 재표출하는 것 같다. 거기에서 우리의 일상성에 관한 역설을 재정립하게 된다. 즉 개인이 사회 구조로부터 종종 제약을 받을 때 자신의 진실 혹은 관대함의 사교적인 형식이 사라지는 것은 어찌된 일인가? 자크 타티는 영화 《나의 아저씨》에서 내내 모순으로 가득한 도시화에 대한 해답을 제시하고 있다. **휠로 씨**라는 인물은 대화의 장소인 자신의 구역(파리 근교)으로 사람들이 되돌아오는 순간에 사교성을 찾아 떠난다. 타티에게는 사람들이 대화 없이 말하는 장소(경제적인 교류로 조절된 소통으로 개성이 없고 무익한 장소인 신도시)와 대화하면서, 그리고 대화하기 위해 말하게 될 장소(공공 구역)가 존재할 것이다. 두 가지 유형의 가능한 대화가 있을 수 있는데, 하나는 사회 규범(경제에 의해 조절된 소통적 교류. 주체가 말하는 것이 교류하는 것이다)의 초-개발을 확신하게 될 것이고, 다른 하나는 너그럽고 진실한 행위(대화란 주체가 말을 함으로써 공유하는 것이다)를 낳게 될 것이다. 하나가 다른 하나를 죽이는 이 두 가지 관계 유형을 어떻게 조절할 것인가? 들뢰즈가 제안한 의사소통의 표출에서 폭넓게 접근했던 수많은 공간들, 대화와 소통 간의 이런 대립에서 생긴 공간을 이제부터 평가하는 일만 남아 있다.

8. 대화의 표출 시기

교류와 동시에 공유하는 대화는 이런 상반되는 두 방향을 동시에 조절해야 하는 모든 어려움을 겪는다. 여러 문제들이 제기될 수 있는데, 우선 형식적일 수는 있지만 이런 갈등 관계의 본성에 대하여 우리에게 자문하도록 한다. 즉 대화 없는 의사소통이 있는가? 그리고 그 **반대의 경우**는 어떤가? 대화 없는 의사소통, 그것이야말로 사실상 메시지의 효과에 개의치 않고, 혹은 그것에 대해 관심을 갖더라도 수익성과 효율성이라는 사항에만 관심을 두고 무차별적으로 끊임없이 발산되는 발신자의 표현인 랑그의 있는 그대로의 산물, 즉 언어 활동(랑가주)일 것이다. 반대로 소통 없는 대화는 특별한 목적이나 이해타산 없이 진실한 방식으로 타인과의 관계를 유지하려고 애쓰는 자의 태도가 될 것이다. 첫번째 소통의 경우에 사람들은 거짓으로 외부를 향해 열려 있으며, 다른 쪽이 타인에게는 수단일 뿐이고, 그 타인은 자기 차례로 다른 사람에 대한 수단일 뿐이며, 그것은 끝없이 계속된다. 문제는 타자가 그런 식으로 존재하는지, 혹은 그가 공통어——담론의 언술 주체자의 부재, 즉 "사람들은 (on)

나를 통해 말한다"——의 단순한 소산일 뿐인지를 아는 것이다. 대체로 언표들은 개인이 파롤 행위를 통해 결정된 역사적 또는 사회적 상황의 결과일 뿐이다. 두번째 대화의 경우는, 반대로 사람들은 대화를 통해 개인이 자신의 존재 지표에 대한 특이성을 부여하려고 하는 한 내부로 향한 진정한 닫힘이 있다. 내면의 대화는 주체가 암묵적인 발화를 통해 자신이 마주 보는 상대가 말할 필요 없이도 충분히 이해하기를 바랄 때 이런 상황을 완벽하게 표현한다. 이 모든 것이 연인들이 사랑스럽게 대화를 할 때 그 속으로 빠져드는 순수한 환상을 연상시키지 않는 것은 아니다. 그러나 거기에서 만약 실제로 개인이 관계를 정립하려고 한다면 그것은 어떤 저의를 갖고, 그리고 종종 자기 자신의 존재에 대해 안심하기 위해서이기 때문에 대화에서는 허구적이고 인위적인 것은 생략되어 있다. 개인은 자신에 대해, 자기를 위해, 자신을 통해 말한다. 상투적인 표현인 **난 널 사랑해**가 변하는 다양한 편차를 보면: **난 널 사랑해. 넌 날 사랑해? 내가 널 사랑하니까 넌 날 사랑해. 넌 날 더 이상 사랑하지 않으니까 난 널 더 이상 사랑하지 않아**는 결국 **난 날 사랑해**가 된다.

두번째 문제는 지금까지 고무적이지 못했던 사실에 부합해야만 될 것인데, 그것은 대화 속에서 구원의 미덕을 추구해야만 한다는 것은 아니지만 단순히 대화가 구체적이고 명확한 제한된 위상을 회복시켜 개인을 **구원**할 수 있는가? 대화는 사실 일상 환경이 구성하는, 달리 말하면 영혼이 없는 장소로는 더 이상 귀착되지 않을 것이다. 그것은 칸트의 도덕적 교훈을 빌리자면 수단이 아닌 목적으로 타인을 고려한다는 것을 따름으로써 가능한 구원이다. 흔히 의사소통에서 타인이 단지 수단이더라도 대화에서의 상황은 그만큼 분명하지는 않다. 만들어지는 사회 상황과 변하는 사정 때문에 대화는 제 소통에서 여전히 변질되는 것 같다. 대화를 보호해야만 한다면, 그것은 인간이 자신의 인간성과 특이성을 이루는 바를 재발견하게 될 숭고한 순간인 **문체 목적**의 범주인 **창조적인 실용학**의 방식에서 이루어질 수밖에 없을 것이다. 정치적인 행위가 대화 행위를 지키는 가능한 형식들 중의 하나가 될 수 있지만, 거기에도 여전히 정치적인 해답은 결정적이지도 단정적이지도 않다. 사람들이 실용적이고 정치적인 행동으로 대화를 지키는 것이 가능하다고 생각하든지, 효과도 없고 뒤죽박죽된 사회 조직 때문에 대화가 병든다고 확신하든지, 아니면 대화의 구원의 미덕이 보장되는 것은 아니지만 그 기회에 동일한 태도——단일성 속에서 일종의 융합처럼 여기에서는 어원적인 의미로 채택된 인식——속에서 서로 알아보고 동일한 책임을 보통 각자가 지는 유일한 가능성으로서 **대화의 무관심**한 존재를 증명한다고 인정하는 것이다. 모든 문제는 이런 단일성 뒤에 의미가 있는 것인지, 그리고 있다면 그 가치는 무엇인지를 아는 것이다. 사람들은 더 이상 누군가와 대화하지는 않고 다만 무관심하게, 투명하게 텅 빈 채이다. 이런 상황에서 **문체의 목적**은 어떻게 되었는가?

사실상 이러한 **문체의 목적**이 효과 죽이기와 인간의 생생한 변조의 순수 표현인 수사적인 과잉(주체가 살고, 그는 쓴다)에 가능한 유일한 해답으로 떠오르는가? 그러나 동시에 언표 행위 주체(말하는 주체가 아니라 말해진 주체로서)에 대한 비-존재를 전제하는 것이 아니라면 **대화의 기술**에 대한 해결책이 없음을 어떻게 이해해야 하는가? 그리고 **말해진 주체**만 있다면 십중팔구 이런 막다른 길에서 동시에 실용적인 해결책이 되는 관념을 사람들은 수용할 수 있는가? 앞에서 기술된 동일한 연쇄에 다시 한번 직면해서 누가 언표의 발화자인지 모르기 때문에 언표 행위의 주체가 없고, 담론의 언표 주체자의 존재를 인정한다고 하더라도 이 언표의 주체는 종종 단순히 지엽적이며 무익한 주관성의 미숙한 표현으로 남게 된다. 그리고 언표 행위의 주체가 없다면 능동적인 주체는 여기에서 가질 수 있는가? 대화 행위에서 실용학을 고려하는 모든 이들처럼 수사의 남용에 대한 유일한 해결책으로서 정치적인 활동을 고려하는 이들에게는 다음과 같은 질문——실용학과 (혹은) 수사학의 과잉, 암호와 (혹은) 약호, 허상과 (혹은) 권력, 정치적 구조와 (혹은) 횡설수설, **계획된 시대가 혁명적인 미래**의 공허함을 증명해 주지는 않는지 물어보기——을 제기하는 것이 적합하다.

질 들뢰즈가 정치적 행동에 관한 분석에서 역사적인 사건의 성격을 개괄할 때 다음의 두 가지 입장에서 고찰하고 있다. 질 들뢰즈의 표현을 빌리자면 사람들은 어떤 관념주의적인 철학 전통에 해당하는 관점인 소극적 방식으로 사건을 고려하고, 그것에 사로잡히거나 부패한 상황, 조정을 감내하는 것으로 끝낸다. 혹은 질 들뢰즈의 **농담**은 다음과 같은 특색에서 정립되는데, 사람들은 "진부해지고 쇄신되는 모든 구성 요소들이나 특이성을 통해 넘어가는 변화 속에 안주하기 위해" 사건으로 거슬러 올라간다. "(…) 역사는 지칭한다. (그렇게) 아주 최근의 상태의 총합만이 '변화'를 위해서, 즉 새로운 무엇을 창조하기 위해 방향을 튼다. 그것은 니체가 시의 적절하지 못한 것이라고 부른 것과 같다. 68년 5월은 순수 상태로의 변화의 돌입, 표명이었다."[39] 그리고 인간의 유일한 기회는 '수치를 피하는'[40] 수단인 혁명적인 변화 속에 있는 것이라 결론짓고 있다. 그런

---

39) G. 들뢰즈, 《정치적 창조와 혁명적인 변화》, in 〈퓌티르 앙테리외〉, n° 1, Paris, L'Harmattan, printemps 90, p.101.

40) G. 들뢰즈, *op. cit.*, p.102.

데 이 사건의 효용성에 대해서 들뢰즈는 암시적인 태도로 머무르고 독자는 상황들이 결코 돌이킬 수 없는 것은 아니라고 생각하거나, 대화가 소통적이라고 생각하도록 하는 이런 정치적인 행위나 실용학과 이런 미래의 **계획**에 대한 어떤 기대 속에 항상 남아 있다. 그렇지만 질 들뢰즈의 말에서조차 이런 탈주선의 우연성에 대한 어떤 의문들이 나타나고 있다. "어쩌면 파롤, 소통은 부패되었을 것이다. (…) 중요한 것은 통제를 피하기 위한 차단기의, 비-소통의 기공을 만들어 내는 것일지도 모른다."[41] 거기에 우리는 여전히 계획의 우발성이나 미래의 계획에 대한 희망 속에 있지 않는 것인가? 다행히도 베르그송적인 허구에 대한 들뢰즈식의 정치적인 해석이 존재하지 않는가! 그렇지만 우리의 과거가 정치-경제적 전복에 대한 믿음이 두터운 낙관주의와 정치적인 지름길에 여전히 현혹되었던 과거를 너무 빨리 잊지는 말자. 다비드의 《브루투스》처럼 그 결과가 어떻든 그들의 행동 장소에 대한 설정이나 **계획**의 합목적성과 본성을 요청하기 위해 **시의 적절하지 못함**에 대하여 이 사상가들에게 꼭 물어봐야 한다. 완강한 브루투스는 《로마사》의 인물로 대역사의 규칙성에 발맞춘 인물이다. 그는 자신의 반항적인 두 아들 티베리우스와 티투스의 죽음에 대하여 반란을 일으키지도 굴복하지도 않았다. 그의 시선은 스토아적이며, 두 아들(공화국의 아들들——브루투스의 두 아들은 공화국을 전복시키고자 했다——또는 브루투스의 아들들——브루투스의 아들들을 죽이려는 공화국)의 살해에 근거해서 그의 정치적인 행동의 가치가 어떤 것인지를 알고자 하는 문제를 스스로 제기한다. 제 파멸의 씨앗을 품지 않은 신생 로마 공화국은 프랑스

---

41) G. 들뢰즈, *op. cit.*, p.106.

혁명이 공포 정치의 조건이 된 것처럼 로마 공화국에 영향을 미치지 않았는가? 가슴과 이성의 법률 사이에서 상처받은 브루투스는 코리올란이 자칫 범할 뻔했던 것처럼 감동받거나 그냥 인간성에 꺾이지는 않았다. 계획이 전혀 없거나 거의 없는, 혁명적 미래가 없거나 거의 없는, 역사의 희망이 없거나 거의 없는, 언표 행위의 주체도 아닌, **공유-소통**도 아닌, 능동적 주체도 아닌, 형식적인 행위가 아니라면 정치적 행위조차 없다. 그렇다면 무엇이 남아 있는가? 모든 주관성을 제외한 능동적 주체만 존재할 것인가? 경직화되지 않은 행위, 혹은 무언화되지 않는 대화가 존재할 것인가…? 현재로서는 해결책이 없다. 소통의 존재론에 부정적인 해결책이 아니라면 말이다.

지금부터 두 가지 암초를 피해야만 하는데, 그 첫번째는 **공유-소통**의 테마를 거부함으로써 광의의 정치적인 행동에 대한 기술적이고 역사적인 단죄 속에 빠지는 데 있을 것이고, 두번째는 실용적인 행위(타티의 유쾌함이나 스피노자의 도덕적 행복)가 단순하게 형식적인 게 될 것이라고 인정하는 데 있다. 정치적인 행동에서 아주 빈번하게 혁명적인 태도의 형식주의를 찾아볼 수 있는 것이 사실이다. 그런데 달리 그것이 존재할 수도 있는가? 비록 **기쁨의 수사학**이 종종 그 자체로 이미 유쾌하다고 할지라도 과도한 수사적인 상황에서의 윤리적인 대답인 광의의 능동적인 정치적 미래에 대한 해석이 될 유일한 정치적 상황, 즉 단 하나의 행위가 존재할 것인가? 만약 해결 방안들이 고려될 수 있다고 하더라도 이것들은 관례, 상호 과정, 서투른 공감의 축적 뒤에 감추어져 있다. 포장 아래에 해변이, 한담 뒤에 인간성이, 그리고 소음 저 너머에 음악이. 어느 정도 형식적인 정치 행동이나 대화 행위에 대한 일종의 개념화 속에 가능한 해결책이 있을 수 있는가? 비록 유일하게 의례적일지라도 이런 질문 제기는 이미 소통 행위에서 드러나기 때문에 그런 사실에도 불구하고 진실한 소통의 부재에 대한 반성의 모호함이라니. 더 이상 행동의 자유를 고려하지 않거나, 대화 행위에 내재된 것처럼 소통의 공허함을 확신하는 이런 **외상을 유발하는** 실체의 폐해에서 벗어나도록 하자. 빛에 가까운 속도로 부분적으로 움직이는 부동의 신체인 초-능동적 부동성에 관하여 자문해 보자. 편집증을 가진 주체처럼 소통하는 인간은 자기 말의 역사를 잃어버리고, 콤프턴이나 하이젠베르크[42] 법칙에 따른 유사-편집증적 행동인 운동중인 미립자의 질료와 같이 부유 상태에 있다. 관찰자는 질료가 어디에 있는지, 편집증을 가진 주체가 다음의 오이디푸스적 세 가지 질문(**누가 내 아버지이며, 누가 내 어머니이며, 나는 누구인가**)에 대답할 수 없는 것과 같은 이유로 질료가 어디에 위치하는지를 알지 못한다.

개연적인 공간을 제외한 질료에 대한 구체적인 장소 설정이 없는 것처럼 의식에 대한 구체적인 장소 설정도 없다. 소통하지 않는 것처럼 움직이지 않음으로써 개인은 질 들뢰즈가 분열증을 가진 주체의 본질에 접근했을 때 발전시켰던 관점인 언표 행위의 주체가 더 이상 아니다. "자기 자신의 신체에서 빠져나간"[43] 분열증 주체는 볼프슨의 경우에 역시 한 언어나 자신의 언어에 맞서는 주체이다. 이런 무의미한 말이 나열된 활로에서 어떤 이들은 긍정적인 해답인 내재된 기쁨을 보게 될 것이고, 어떤 이들은 막다른 길인 말하는 주체의 해체를 보게 될 것이다. 사회적인 구조, 일상 생활의 상호 작용이

---

42) 이 법칙은 원자와 X선의 상호 작용으로서 특히 입사광의 굴절로 유도되는 작용에 관한 것이다.

43) L. 볼프슨, 《정신분열증과 언어들》, Paris, Gallimard, 1970; G. 들뢰즈의 서문, p.5.

미래의 정치적 해답의 부재와 주체의 삶을 결정할 것 같으므로 사
교적인 의사소통에 대한 인식은 예상하기 어려울 듯하다. 이런 전망
에서는 규칙이 더 있을수록 사교성은 덜 존재하는가라는 앞에서 규
정한 그릇된 순환논법에서 어떻게 벗어나야 하는가? 여기에 놓인
이원적 도식이 한번 더 대화를 그 원형적 형태로 되돌리려고 한다
면 꼭 필요한 극단을 전제하는 그런 과잉에 의해서만 타당성을 띤
다. 같은 관점에서 들뢰즈는 "필연적으로 대화를 통한 사교성의 순
수 형태들"[44]인 그에게는 주체가 사교성의 순수한 형태들 속에서 대
화를 통해 들어간다면 사회적인 구조에 대한 중압감에서 벗어날 수
있는 모든 기회를 갖는 것이라고 말할 터이다. 즉 대화의 결정적인
핵심에 이르기 위한 진실, 달리 말하면 때로는 침묵으로, 또 때로는
자기를 둘러싼 주체와의 단절로 이끄는 광기(탈국지화의 범주)에 이
르는 것이다. 두 경우에 이런 광기의 절정은 자기의 비인격성(언표
행위의 주체라기보다 대상인)이든, 탈주선이든, 이중 조직 또는 초코
드화[45](여흥 태도를 파기시키는 대화 내부의 긴장)에서 벗어나는 무엇
을 드러낸다. 그렇지만 그가 모든 대화는 분열증적이라고 확신할
때, 왜냐하면 **대화의 기술**은 분열증을 본떠 만들었기 때문에 이것
은 덜 설득력 있게 보인다. 반대로 그 반대가 오히려 일어날 가능성
이 있는 것 같다. 분열증은 대화의 궁극적이고 결정적인 형태, 즉
말라르메의 표현을 빌리자면 침묵의 단어(mot tu)의 외침을 부여한
다. 그러나 이런 뉘앙스는 물론 분열증이란 단어 사용의 차이에서
온다. 그 표현은 특징도 감정도 없는 존재에 대한 인식과 비슷한 외

---

44) G. 들뢰즈, 《시간-이미지》, Paris, Éd. de Minuit, 1985, p.299.
45) G. 들뢰즈, 《천 개의 고원》, Paris, Éd. de Minuit, 1980, p.264.

침이지만, 어쨌든 나는 진실한 **자폐의 외침**만을 거기서 보게 되는 데 반해 질 들뢰즈의 경우에는 **유쾌한 다양체**를 뜻한다. 어떤 욕구에 답하기 위해 아이가 지르는 외침이 아니라 공통 파롤에서 분리되고 뚫어 버리기 위해 비우거나 제거되기 위해 아르토가 했던 식의 외침이다. 감정적인 것이 아닌 육체적인 외침, 언어 활동 이전이나 이후의 외침, 문법 없는 외침, 마비시키는 외침, 음악적으로 분절된 외침, 너무도 구변 좋은 사람의 것이 아닌 단순히 자기 표현을 예상하는 자의 언어적 싱커페이션(분절법)으로 유도되는 외침이다. 음악적 혹은 침묵의 대화가 꼭 소통의 거부를 뜻하는 것이 아니라 차라리 모든 경우에 아무 말도 하지 않고도 모든 사람들을 말하게 만드는 일상적인 소통에 해답을 가져다 줄 **반향적 독백**을 전면에 내세우는 것이다. 모든 것이 증가하고, 모든 것이 확대 없이 전개되며, 그런 것이야말로 대화에 남아 그것의 정의는 다음과 같은 상투적인 표현으로 귀착될 것이다.

A: 나 베르사유 궁전에 갔었다.
B: 어디를 경유해서?

9. 고프먼의 대화의 틀

앞의 예문에서 중요한 것은 감정·감각·사고의 공유가 아니라 오히려 여러 측면에서 **명령어(암호)**의 형태를 취하는 정보, 전달된 정보의 유용성을 고려한다는 것이다. 보통 대화의 두번째 화자의 처음으로 첫번째 화자의 최종 정보의 회부라 부르는 **핑퐁** 효과 속에

서 스스로 재표명되는 스테레오 타입과 그것이 눈에 띄는 하모니에
도 불구하고 진짜가 아닌 것 같은 인상을 주는 일종의 리토르넬로
(반복구)처럼 끊임없는 반송이다. 이런 대화의 **핑퐁** 효과는 고프먼
이 명명한 대화자에 대한 표면적인 존중의 사회적인 형태인 **운명적
매개**를 거친다. 갑작스럽게 말을 중단하기보다는 화자가 뜻하는 바
를 제자리에 놓기 위해서는 대화의 상대자가 존재한다는 것을 알기
때문에 다음처럼 직접적인 우언법을 사용한다. **오, 그래 생각나는
군. 그런데 그것에 대해 말을 하자면, 자 저런, ……할 때가 생각나
는군.**[46] 이런 표현들 외에도 고프먼은 자신의 이야기를 맞춰 나가기
위해 화자가 사용하는 **의례적인 경계**를 조사했다. 이런 **틀**[47]은 자신
의 이야기를 이어 나가기 위해 간접적으로 개인이 요구하는 허가의
요청들이다. 그 허가가 자신과 마주한 사람은 찬성하지만 대화의
상대방이 아주 빈번하게 그것에 대해 개의치 않을 때 대화는 제 길
을 착실히 갈 수 있다. 대화의 이런 시뮬라크르 속에서 가장 빈번히
사용된 형식은 다음과 같다. "내가 무슨 생각을 했는지 아시나요?
무슨 일이 일어났는지 아세요? 내 말 좀 들어 보세요 등등."[48] 18세
기 모럴리스트들의 날카로운 비평을 인용하면서 정보의 전달을 부
차적인 역할로 제한함으로써 고프먼의 대화 행위는 하나의 공연인
드라마적인 예술임을 보여주고 있다. 이런 조건에서 **대화의 기술**은
무대 예술만큼 테이블의 예술이기도 하다. 게다가 일상 생활에 대한
이런 범주의 전형화는 대화의 조작을 주도한다. 중요한 것은 정보

---

46) 고프먼의 틀이란 개념은 John Gumperz(《대화에 참여하기》, Paris, Éd. de
Minuit, 1989; trad. M. Dartevelle · M. Gilbert · I. Joseph)에게는 상황적 약속이 되어
버리지만 상호적인 조직은 동일하다.

47) *Ibid.*

48) E. 고프먼, 《경험의 틀》, Paris, Éd. de Minuit, 1991, p. 499; trad. I. Joseph.

전달의 객관성이 아니라 대화 상대자의 심리적인 의도이다. 거짓 전쟁의 상황에서 대화의 범주는 대부분 정보의 직접적 언표를 포착하기 이전에 감춰진 메시지를 자신의 수신자가 이해할 수 있도록 말하는 주체가 가진 의도에 의해 결정된다. 고프먼의 주목처럼 직접적으로 제기된 문제 이상으로 암시적인 문제 제기가 더 중요하다. 이런 유의 대체는 종종 대화의 일상적인 사용으로 실천되고 있다. 고프먼은 그런 틀 속에서 상호 작용의 도식을 설정하기 위해 개인이 행동하게 될 대화의 범주를 이런 근거에서 정의하고 있다.

대화의 이런 시퀀스들 중 첫번째 기능은 정보 전달에서 체면을 잃지 않기 위해 극화하는 것이다. "말을 한다는 것, 그것은 어떤 정보를 수용자에게 제공하는 것이 아니라 관객들에게 드라마를 보여준다는 것이다. 정보를 제공하는 곳에서가 아니라 쇼를 연출하는 데 관여함으로써 시간을 허비한다."[49] 우선 "신문 다 읽었어요"와 같은 간단한 질문은, 내레이터가 대화 상대자의 대답에는 신경 쓰지 않고 단지 잠재적인 위협 앞으로 나아가면서 자신의 영향권을 보호하려고 할 뿐이다. 두번째는 내레이터와 화자에 의해 전달된 정보들이 앞으로 그 정보들이 만들어 낼 극화에 비례해서 단지 고려될 뿐이라는 점을 확신하는 것이다. 말을 함으로써 상대 화자는 자기 자리에 앉기 위해 자신의 말(辛)을 밀어내는 것이다. 세번째는 발언자들이 상호적이 아닌 개별적인 만족을 추구한다는 사실을 보여준다. 사람들이 타인에 대해 우월할 때 느낄 수 있는 기쁨은 모든 문화적 상황 밖의 일이다. 이런 경우에는 발언자들이 설명하는 자질에 대해 판단을 내릴 설전을 시작하는 것과는 하등 관계가 없기

---

49) E. 고프먼, *op. cit.*, p.499.

때문이다. 마지막으로 발언자들은 서로서로를 이용한다는 것을 보여준다. 대화 상대방은 때때로 문제를 소지한 존재로, 완전한 권리를 지닌 주체로 간주하는 타자를 기다린다. 정신분석에서처럼 제기되는 질문은 사실상 숨겨진 치료상의 요청이나 핑계일 뿐이다. 라로슈푸코나 라브뤼예르 같은 17,18세기 프랑스 모럴리스트에 대한 분석은, 언변이 좋은 이들이 무리지어 하기 좋아하는 다양한 장식적인 수사와 무대 연기에 대하여 말할 때 고프먼에게서 다시 발견된다. 고프먼은 이런 시각에다가 좀더 문학적인 내레이터간의 상호작용 게임에 대한 사회심리학적인 연구를 덧붙였다. 그는 대화 관계를 확인하거나, 유지하거나, 지키려는 목적(봉주르 · 봉수아)으로 한 확증적인 교류와, 그 주된 기능이 그의 체면을 잃게 할 우려가 있고, 대화 상대자가 겪는 위협을 중화시켜 주며, 그의 간청이 만족스럽든 만족스럽지 않든 대화 상대를 평가하게 해줄 대답을 요하는 형식(신문 다 읽었어요?)인 보상적인 교류를 소개하고 있다. 그가 기술하는 이야기 그 이상으로, 그가 전달하는 정보 이상으로 내레이터는 사회적 효과를 만들어 내기 위해 무대에 서게 된다. 내레이터는 고프먼이 틀이라고 부른 것 속에서 행동하고, 그가 소통 과정을 시작할 때 제기하는 질문에 대한 해답보다는 청자에게서 자기 행동의 정당화를 더 기대한다. 관계가 수립되는 것은 정보 전달의 영역에 대해서가 아니라 특히 그동안 체면을 잃으면 안 되는 행동 관계의 영역에 대해서이다. 이런 다양한 행동 관계들은 다른 상대가 구성하려고 애쓰는 것, 즉 동일한 사회의 유희에 참여한다. 이 게임은 앞서 칸트의 경우에 거론된 게임의 개념과는 아무런 연관이 없다. 칸트식의 게임은 오히려 사회에서 존재한다는 단순한 기쁨에 해당한다. 반대로 고프먼식은 제시된 대화의 모델이 계속되는 극화의 모델이고, 그 속에서 동정, 타인에게 귀기울임, 무언의 합의는 어떤 관련도 없다. 그러므로 끊임없는 역할놀이의 일종인 공통 행동의 쇼만을 고려한다.

이런 특색으로 유머러스한 만화가 상페는 《비행기로》 속에서 대화의 틀과 두 가지 대화 형식——**넌 할 수 있어와 그래요?**[50]——을 통해 뉴욕식 **중산층** 언어의 역동적인 전형에 대해 자기식으로 표현하고 있다. "언어의 역동성은 사람들이 할 수 있다는 것에 중요성을 부여한다는 점에서 긍정적인 측면을 조장한다. 예를 들어 당신이 "나 시골에서 자전거를 탔어요"라고 했을 때, 프랑스에서의 대답은 다음과 같을 것이다. "나도."(개인의 장점을 모두 끌어내게 한다) 혹은 "그래, 건강에 좋은 일이지."(모두가 아는 말을 하니 대화가 계속 이어지지 않는다) 그런데 여기 뉴욕에서는 "어머 그래요?!"와 같은 의문문과 감탄문이 뒤섞인 어조로 대답을 하면 당신은 신이 나서 한참 동안 설명할 수 있게 된다."[51] 여기에 번역된 일상적인 대화는 분명하게 발화되지 않기 때문에 좀더 역효과를 내는 **의례적인 경계 혹은 틀**을 연출하게 된다. 상대 화자는 **내가 무슨 생각을 하는지 아십니까** 또는 **내 말 좀 들어 보세요**라고 말하지는 않을 것이다. 그는 재미있다고 간주하는 자신의 이야기를 이어가기 위해 **그래요? 넌 할 수 있어!**와 같이 자신과 마주한 사람을 칭찬하고 감탄하는 표현에 만족할 것이다. 게다가 관계의 강도는 **그래요?** 같은 표현의 어조와 비례할 것이다. 힘주어 발음될수록 열광과 지지는 더욱더 진지하게 보일 것이다. 사실 상페가 강조한 것과 같은 이런 청취의 시뮬라크

---

50) 상페, 《비행기로》, Paris, Denoël, 1989, p.67. 보드리야르 역시 'I did it'의 표현에 대한 분석을 한 바 있다. *Amérique*, Paris, Livre de poche, 1986, p.25.

51) 상페, *op. cit.*

르는 분절법의 감정적인 역동성에 비례한다. 이런 모든 표현들은 각각이 자기 방식대로 하나의 상호 작용에 더 큰 가치를 부여한다. 그 효과는 즉각적으로 드러나고, 공유를 위장하고 있다.

A: 나 자전거 탄다.
B: 그래요?

이러한 '상호적' 열광은 great, wonderful, marvelous, fantastic, how nice! 등등과 같은 상대의 열광하는 말에 더욱 강화된다. 그런데 적용하는 평준화 과정에 의해서 대화는 끝없이 좀더 역효과를 내는 아주 빠른 부차적인 효과인 이런 대화 기술에 대한 진정한 본성을 드러내게 한다. 즉 열정적으로 열기가 식고, 쓸데없이 무의미한 소통, 시작만큼 빨리 끝내기 위해 모든 말을 진부하게 하는 소통, 수용하기 위해서가 아닌 오히려 대화가 고갈될 때, 죽은 대화가 뒤이어 올 때까지 또 다른 대화에 대하여 시작할, 겉보기에 열정적인 또 다른 대화를 재개하기 위한 변명의 한 가지 목표로 끝이 난다.

앞에서 언급한 대화를 결정하는 역학적인 움직임은 질료에 대한 엔트로피 효과를 연상시킨다. 질서가 운동 조직 속에서 무질서를 낳듯이 정보의 회귀가 정보화 과정을 악화시킬 것 같다. 그런 관점에서 본다면 말투가 말하는 방식이나 행동 방식은 아니다. 말투가 인위적이고 의례적인 상황을 만들 수도 핑계를 표현할 수도 있다. 소통 행위가 실현하는 상호 작용은 대화자간의 공간을 조성하는 것보다는 무질서를 낳는다는 의미로 엔트로피 효과이다. 문제는 이제부터 언어 활동이 암묵적인 무질서와 이런 혼란의 싹을 그 속에 내포하고 있는지 아닌지를 아는 것이다. 언어존재론은 절대적으로 부정적이지 않다. 라이프니츠는 이미 다음의 표현으로 질료의 조직에 대한 문제를 제기했었다. **"왜 아무것도 아닌 것보다 무엇인가가 존재하는가?**를 언어에 적용시켜 보면 이것은 다음처럼 해석이 된다. **왜 실재는 항상 표현되고 합리적으로 코드화되는가?** 언어 활동은 사실상 언표의 의미 내용 주변을 맴도는 것 같다. 때로는 가장 숭고한 순간에 이르는 것 같지만 자주 거기에서 멀어지기도 한다. 일단 그 기교의 배열이 벗겨진 언어는 가장 고귀한 미의 위상을 갖지만, 릴케의 표현을 빌리자면 인간에게 주어졌던 가장 위험한 것이기도 하다. 만약 실제로 언어 활동이 언표에 하나의 형식을 부여하더라도 **말하지 않는다.** 모든 경우에 언어는 인간적인 소통의 호의적인 하늘을 흐리게 만들 결정적이고 간결한 표현으로 대답할 것이다. "언어는 아무 말도 않고 아무것도 감추지 않지만 단지 암시할 뿐이다."[52] 헤라클레이토스적 메시지에 대한 두 가지 해석이 가능하다. 첫째는 일종의 스토아학파들에게서 찾아볼 수 있는 유쾌한 존재론의 표현인 생각하는 주체의 구원 방식을 언어가 만드는 것이다. 둘째는 좀더 현실주의적으로 그 기능에 있어 언어의 실패를 의미하게 될 것이다. 조금 덜 **간접적인 부정**이 아니라면 존재론의 표현으로 요약될 것이지만, 특히 자기 화신과 존재 주변에 떠도는 환기, 이런 존재론에 대한 재인식으로 요약될 것이다.

사실 언어의 기술이 항상 그 대답은 거의 중요하지 않다라는 것과, 말과 행동이 기본적인 방식으로 간주되는 것이 아니라 극단적인 경우에 이것은 문제조차도 되지 않음을 알고 있었다. 언어는 아

---

52) Héraclite d'Éphèse, 경구 93, 《소크라테스 이전 그리스 사상가들》, Paris, Garnier, 1964, p.79; trad. J. Voilquin.

무런 말도 하지 않고, 그럼에도 어떤 의미를 부여한다. 그런 것이 언어의 유일한 의도이다. 시는 경우에 따라서 한 행이 모든 행에 의해 전부 이해할 수 있는 존재로서 기이하고 헤아릴 수 없는 것으로 남을 수 있음을 보여준다. 전부 이해될 수 없는 것으로 해독될 수 있다는 의미에서 설명이 가능하다. 이런 기이한 감정은 베케트의 경우 독자가 작가의 언어 속에 존재하면서 동일한 언어 속에 잠기는 식으로 표현하려고 시도할 때 나타난다. 작가의 고정관념의 범주인 **언어 없는 2개어 병용**은, 언어 없는 언어 활동인 특이성(랑그) 없는 보편 과정(랑가주)이라는 것을 밝히고 있다. 2개어 병용은 사고의 공동체 성격을 지니므로 이 사고의 공동체는 언어가 부과하는 한계만으로 제한될 수 있는 언어 없는 2개어 병용이다. 베케트의 경우 단 하나의 가능한 답은 아주 드문 만큼 더욱더 풍성하고 풍요롭게 되는 **독백**이 남아 있다. 무언의 독백, 혹은 분열증적 수다, 다른 표현, 문체의 창조자, 불가사의하고 헤아릴 수 없는 것이다. 모리스 블랑쇼는 베케트의 작품에서 누가 말하는지를 자문해 보았다. "말을 해야 한다. 막연한 일이다. 타인들의 말을 제외하고는 아무 할 말도 없으면서 나는 말을 해야 한다"[53]라고 쓰고 있다. 작가는 베케트와는 무관하게 말이란 말하는 방식이 되기 위해 형태를 갖추는 겉모습과 시뮬라크르를 연상시키는 방식으로 항상 미래의 책을 추구한다.

---

53) M. 블랑쇼, 《미래의 책》, Paris, Gallimard, 1959, rééd. 1986, p.291.

10. 《대범하지 못한 모험》을 통한 카스타피오레의 대화

다의성, 일의성, 착각, 우발적 사태, 의사소통의 혼란(장애), 일방 통행, 유사 의미, 오해, 장애, 막다른 길, 통행 금지, 말없는 방식, 경로가 생략된 말, 막힌 장소, 포화 상태, 문체의 문채, 환유, 은유, 전용, 규범 문법, 인물, 금지, 고장, 장기, 오류, 비상식적 논리, 간섭, 귀머거리의 대화, 방해, 의성어, 입술 소리, 앵무새처럼 되뇌기(프시타시즘), 수다 등등.

끝없이 이어지는 n수의 복제나 무한대 항의 대화는 여러 양상을 은폐하고 있고, 여러 예정의 전조가 된다. 에르제의 작품 《카스타피오레의 보석》은 그 실마리가 사전에 알려지는 연속적인 대립을 통해 대화를 표현하고 있다. 앵무새 혹은 구변 좋은 사람, 귀머거리이거나 잘 듣는 사람, 합의 혹은 청취, 거짓 혹은 진실, 적나라함 혹은 매개를 통함, 수다스러움 혹은 침묵으로 시작한 에르제의 대화는 우리들에게 선택의 여지를 두지 않는다. 이야기는 대화의 모든 희망을 거세한 황폐해진 소통 속으로 통제되지 않는 방식으로 인물들을 이끌고 가는 것 같다. 그리고 너무나 단순하기조차 한 이런 이중성은 소통하는 주체로서의 우리의 상황을 시사한다. 카스타피오레의 《대범하지 못한 모험》편에서 에르제의 표현은 한 방향으로 전개된다. 카스타피오레, 그녀의 보석들, 드레스, 피아노, 태도, 미디어, 앵무새, 하독 선장, 이 전체 모두가 하나의 훌륭한 배치물을 이룬다. 그것의 불길한 특성은 비앙카 카스타피오레가 결정한 병리학이 흰색에서 붉은색으로, 순백의 침묵에서 그녀가 해임하는 만큼 잘 따르게 하는 여가수의 거세된 말(parole)의 붉음으로 변해 버릴 소통 영역으로 우리를 산 채로 격리시키게 될 것이다. 에르제는 대화에 관한 모험 이야기처럼 우리가 자신의 작품을 읽도록 유도하는가? 에르제의 유일한 작품이 실제 모험 없이 전개되고, 자리의 이동 없이 우리들을 이동하게 만들며, 우리를 좀더 잘 몰아넣기 위해 출구 없는 장소에 가두는 한 기이한 모순의 모험 이야기이다. 불가항력 적인 세계, 닫힌 장소인 물랭사르는 대화 행위에 대한 정형화된 의 사소통에서 착수한 무장 강도 행위인 이른바 **세기의 홀드업**[54]이라 불리는 곳이다. 물랭사르는 무엇보다 자신의 유폐지인 물랭세르[55]를 유포하는 것으로 끝나지 않는 말풍차인 것이다.

　나는 《카스타피오레의 보석》에 대한 미셸 세르의 분석을 고려할 것이지만, 중요한 것은 이미 인과율——신의 존재를 증명할 수 있 게 해주는 아리스토텔레스적인 원리인 최대의 효과를 내는 최소의 원인——에 관한 라이프니츠식 원리이다. 이것은 에르제의 작품 속 의사소통의 세계에 적용되자마자 전도되어 대화의 최소 효과를 내 기 위한 소통의 원인에 대한 최대의 표현으로 나타난다. 단지 이형 ——최대의 이득을 위한 최소의 소비인——일 뿐인 근대 자본주의 의 경제 모델 원칙은 개인들간의 상호 행동과 상호 작용의 원칙 중 중요한 부분을 위해 조절되는 한 기본적이다. 어쨌든 대화 상황에 대한 근거들을 설명하는 것이 쉽지는 않다. 그런 상황에서 우리는 이런 과정과 역류된 채 있고, 그것의 효과는 거의 없는 일종의 말의 남용, 상호 관계의 분별없는 소비를 초래한다. 에르제가 제시한 대 화는 소통의 실패 혹은 좌절에 근거하고 있다. 그리고 그것이 그런

---

54) M. 세르, 《헤르메스 II-개입》, Paris, Éd. de Minuit, 1972, p.223.
55) M. 세르, *op. cit.*, p.224.

과정을 전도시킬 투른솔 교수가 제의한 기술적 시도는 아니다. 그 것을 고려하지 않고 병적인 대화 상태를 재생하는 사회 공간의 예들은 많다. "모든 사람들이 말을 하지만 누가 듣는가"는 시사하는 바가 크다. 우리의 대화 위기에 대하여 소문을 퍼뜨리고 다니는 소통과는 어쨌든 모순되는 상황이다. 에르제의 경우 대화 상황은 소통의 실패 이후의 위기 상황이다. 작품의 겉표지가 그 좋은 예가 된다. 효과가 이중적인 소통의 수단인 계단은 이야기의 주요소만큼이나 마지막 그림(대화의 모험의 끝을 알리기 위하여 앵무새가 "끝이야, 제기랄"[56]이라고 말하는) 속에서 그 해명을 찾을 수 있다. 기능을 수행하지만 드물게 그리고 이런 경우에는 사람들을 상호 관계 속에 넣고 소통 행위를 실현시킨다. 아니면 작동하지 않거나 모든 관계를 금한다. 어쨌든 그것을 이용하는 수밖에 달리 어쩔 수 없는 상황들이 지속된다. 《카스타피오레의 보석》 안에서 계단은 사람들이 필요로 하는 바로 그 순간인 가장 감동적이고 가장 중요하며 가장 은밀한 순간에 매우 특이한 이런 소통망에 의해 대화의 붕괴를 환기시키기 위해 에르제가 사용한 은유적인 이미지이다. 결국은 사람들을 넘어뜨리고, 그리고 더 이상 자신의 역할을 맡지 않는다. 카스타피오레는 게다가 이 계단에서 넘어지지 않는 유일한 인물이다. 거세된 말을 가진 그녀가 이런 동일한 거세의 도구인 계단의 희생자가 될 수는 없다. 겉표지, 계단, 마지막 장의 그림, 이 세 가지 시퀀스들을 원근법으로 놓으면서 독자는 무엇이 용기이고 무엇이 내용인지 하는 대화 행위의 용기와 내용 간의 상호 연관성의 문제에 직면하게 된다.

겉표지의 삼각 구도는 대화에 대하여 자유자재로 전개될 극을 예

---

56) 에르제, 《카스타피오레의 보석》, Paris, Casterman, 1962, p.62.

고한다. 그것은 두 가지 뜻으로 해석될 수 있는데, 즉 인간적인 면은 잘못 정의된 오이디푸스 실타래(누가 어머니이고 아버지이며 아들인 가라는 카스타피오레·하독·탱탱의 실타래)를 연출하고, 역학적인 측면은 소통의 용기(피아노·카메라·영사기)에 대하여 거론하고 있다. 담론의 내용을 연결하는 것으로 추정된 세 인물이 전달 매체(피아노: 소리, 카메라: 영상, 영사기: 초점)를 조절하는 것으로 추정된 소통의 세 가지 수단과 조화를 이루는가? 이것들을 전달하는 데 개인이 없는 이 세 가지 소통 수단이 실제로 무슨 가치가 있는가? 에르제는 자신의 독자를 하나의 공간으로 유도하는데, 그 속에서는 모두가 아니라 말하고 모두가 대화에 맞서고 있다. 카스타피오레는 노래하지만 듣지 않거나, 그녀가 들을 때는 자신의 목소리를 듣기 위해서이다. 그녀의 말은 나르키소스적이고 거세된 것이다. 즉 **너무나 아름다운 나를 보기 위해 이 거울 속에서 나는 웃는다.** 사실상 그녀는 그것이 귀를 가졌다고는 하지만 벽에다 대고 말한다. 물랭사르라는 폐쇄된 세계에 도착한 그녀 자체는 거세되었다. 그리고 어느 누구도 기대하지 않고 있을 때 예기치 못한 일의 여왕인 그녀가 도착하고, 그런 일은 탱탱의 모든 작품 속에서 일어난다. 하독은 보기는 하지만 듣기를 거부하고 청각을 분산시킨다. 탱탱의 경우에는 좀더 잘 듣기 위해 입을 다물고, 독자에게 소리내지 말 것을 요구한다. 그의 태도는 유혹할 여자에게는 말을 건네기 때문에 모호하다. 기대에 어긋나는 말을 제외하고는 이런 대화 유형의 본성은 어떤 것인가? 결국 어느것도 그 본성을 충분히 실현할 수는 없다. 서로서로에게 주어지는 것이 불가능한 필수적인 보완이 각각에 결핍되어 있다. 이 세 인간 삼각형 구도는 이것 역시 불완전한 기계의 삼각 구도로 대체된다. 즉 이것은 소리를 내지만 또한 소리를 복제하는 피아노(녹음기가 되는 피아노. 훈련을 믿게 하려고 습작을 녹음한 이고르-바그너[57]의 에피소드를 보라), 보기도 하지만 행복한 시선을 포착할 때 소리를 필요로 하는 그러나 잘못 전사하는 카메라(투른솔 교수의 에피소드편. 희미한 영상과 텔레비전 관객의 시선과 동일한 경우로 흐릿한 텔레비전 에피소드), 비추기도 하지만 소리와 영상이 빠진 영사기(해서는 안 될 때 밝히는 영사기와 진주 목걸이 도난편에서 필요할 때는 비추지 않는 영사기)로 이루어진다. 각 대상은 각각의 인물이 자신의 사회적이고 성적 위치를 찾듯이 자신이 보충물을 추구한다. 어머니 또는 젊은 여자인 카스타피오레, 현존하는 보석 또는 도둑맞은 보석(카스타피오레의 붉은색은 정신분석가들이 거세된 행위의 연출을 위해 꼭 잊지 않고 공공연히 하는 것), 자신의 혈통을 찾아가는 근본 없는 아버지, 하독과 그 아버지를 찾는 아들, 탱탱, 이 모든 인물들이 상대적으로 모호한 성적인 인과율이나 표현들을 갖고 있다. 어느 누구도 자신의 대화 행위 속에서 구체적인 자리를 찾지 못한 것처럼 규정된 성정체성을 갖고 있지 않거나, 오히려 성행위시 대화 행위로 대체하려고 하는 인물들이다. 그런 것이 바로 에르제의 문제들인 것이다. 내용과 용기라는 이 두 삼각 구도간의 게임은 카스타피오레라는 인물과 물랭사르라는 장소에 맞춰진다. 그렇지만 어느 순간도 독자는 대체되는 것에 대한 확신이 없다. 에르제는 카스타피오레라는 인물이 가장 미디어를 많이 타고, 또한 가

---

57) 이고르-바그너: 이고르 스트라빈스키와 리처드 바그너의 음악적인 추구를 감각적으로 결합시킨 한 피아니스트의 대담한 배열. 이 음악가들의 음악적인 구성은 그 바리에이션(변주)이 고유한 창조인 만큼 해당하는 민속적인 주제를 강조하여 사용하고 있다. 바리에이션은 혁신을 일으키며 이미 존재하고 있는 주제를 현실화시키고 있다. 대화에 적용된 이런 바리에이션은 차이 속에서 끊임없이 재생산되는 파롤의 무한한 편차에 상응한다.

장 격리되는 그의 대화 방식을 우리에게 보여준다. 어쨌든 상황은 출발에서부터 왜곡되고 누락되어 있었다. 에르제는 작품의 첫 페이지에 인물들이 휩쓸려 들어갈 대화의 극을 먼저 알게 되는 견자의 느리고 잠재적인 대화를 나타내고 있다. 그렇지만 그렇다고 대화가 다시 어쩔 수 없는 실패 혹은 사산되었음을 의미하는 것은 아니다.

거짓 진짜 여자(성적으로는 아직 완성되지 않은 어린 여자), 진짜 거짓 여자(트랜스젠더), 가짜 진짜 보석(아직 실현되지 않은 소통 행위), 진짜 가짜 보석(실패로 돌아간 소통 행위), 이런 것들이 순간의 양면성인 대화의 가면 무도회 시대인 것이다. 카스타피오레는 아직은 완전한 여자는 아니지만, 어느 날에는 될 것이지만 보석은 여전히 가짜로만 남을 것인가? 진주 목걸이는 정신분석학자나 언어학자 모두에게 의미가 풍부한 이미지를 답습한다. 이야기가 강렬한 순간에 보석들은 도둑을 맞고, 진주——제 단어(진주)와 그것의 문법(줄)과의 소통 행위의 균열——는 산산이 흩어진다. 그렇지만 카스타피오레의 보석들은 그녀의 성정체성을 보여주는 것이기도 하다. 절도 혹은 강간, 처녀성의 존재와 박탈 혹은 완전한 여성성! 어쨌든 대화 행위를 여전히 행할 수 있는 공간, 동물 공간이 남아 있다. "난 말이야. 말하는 이런 동물은 참을 수가 없어"[58]라고 앵무새에 대해 언급하면서 강아지 밀루는 말한다. 에르제가 자신의 독자들에게 다시 어쩔 수 없는 거세된 소통인 동물 대화, 혹은 대화의 난공불락과 같은 여러 형상의 경우들을 제시한다는 점에서 또 다른 모순이다. 에르제의 경우 유일한 탈출구가 결국 인간이 자신의 인간성의 근거인 타인 존중과 배려를 은폐해 버릴 대화의 시퀀스로 귀착하는 것일지도

---

58) 에르제, *op. cit.*, p.9.

모른다. 그렇지 않다면 우리의 대화는 결국 기계적 행동이나 까치 ·
올빼미 · 앵무새 · 고양이 · 개… 동물의 말로 변해 버린다. 이 만화
가의 경고는 분명하다. 사람들이 서로서로를 소통할 수 있게 만든
다고 생각했던 수리된 계단이 결국 마지막 장면에서 하독을 넘어지
게 만든다. 모든 것이 시작부터 잘못되었다. 왜냐하면 모든 것이 잘
못 끝나기 때문에! 자신의 대화를 첫번째 제 기능 속에서 되찾기 위
해, 인간성의 장소로 대화를 만들기 위해 인과 과정을 전복하고, 대
화와 상호성의 최대 효과를 내기 위해 의사소통이나 소비의 최소
원인으로 다시 착수해야만 한다. 미래의 순간들은 대화하는 주체들
사이의 관계가 종종 모순되고 상호성의 본질이 정의 내리기 힘듦을
보여주게 될 것이다. 타산적인 또는 진실한 관계, 경제적인 교환 혹
은 상호적인 공유…… 아마도 이 모든 이중적인 대립은 동일한 현상
의 숨겨진 이면일 뿐이다.

11. 안토니오니 영화에서의 병적 대화

주느비에브	오! 저런 웬 날씨야! 비가 이렇게 내린 지 오래됐어?
마조르돔	한 30분 정도요, 부인. 오후에는 날씨가 화창했거든요.
주느비에브	안녕하세요, 장군님! 참 날씨도! 내가 시골에 올 때마다 늘 이렇게 비가 오는군요.
장군	건강에는 좋죠.
주느비에브	안녕하세요, 라브뤼예르 씨.
라브뤼예르	부인, 흠뻑 젖었군요.
장군	당신 아내는 어디 있소? 뭐해요?

라브뤼예르   크리스틴과 주방에 있어요. 살림에 대해 이야기하고
            있군요.

주느비에브   오 그것 참 재미있네요! 투르코잉에서 오는 길인가요?

라브뤼예르   네.

주느비에브   당신 공장에도 비가 오나요?

라브뤼예르   온통 여기저기 다 그렇죠! 파리 경유를 포함해서 8시
            간 가량 걸려 왔는데요. 길이 온통 미끄러워요.

주느비에브   기록이군요. 안녕, 자클린! 그런데 너 많이 컸네.

자클린   그래 보여요?

주느비에브   네 공부는 잘 돼가니? 아마 중국어를 배운다지?

자클린   아니에요, 주느비에브. 콜럼버스 발견 이전 예술사를
            공부하고 있어요 !

주느비에브   오, 그것 참 재미있겠는걸! 안녕 샤를로트, 어떻게 지
            내?

샤를로트   안녕! 어, 그런데 말야, 너 좀 마른 거 아니니?

주느비에브   아닌데.

샤를로트   조심해. 그러다 너에게 몹쓸 장난을 치게 될지도 몰라.

주느비에브   미쳤구나. 맹세할 수도 있어.

샤를로트   그 점에서는 나를 못 속일걸.

초대받은 여자   자, 샤를로트! 너 게임할 거야, 말 거야?

샤를로트   할 거야, 해. 주느비에브 너는?

주느비에브   오, 난 브리지 게임은 지루한 것 같아.

샤를로트   그런데 누가 너한테 브리지 게임이라고 말이라도 했
            니? 블롯 게임이야, 블롯.

초대받은 여자   얘, 주느비에브! 네가 다니는 미장원 주소 나한테

줘야 해.

주느비에브   앙드레 주리오를 초대했다는 것이 사실인가요?

로베르 드 라 세이니스트   네, 거북한가요?

주느비에브   아니오, 그 반대예요.

르누아르의 《게임의 규칙》(1939)에서 발췌한 이 부분은 연출된 사교적인 대화의 다양한 기교를 보여준다. 뜻 없는 말, 무의미한 말, 사회적인 의례들, 예의범절, 이 모두가 완전히 해체된 사회의 피상을 표현하기 위해 시퀀스로 모아졌다. "재미있는 영화를 만들고 싶었어요. 그러나 동시에 부패한 사회에 대한 비판도 표현하고 싶었죠." 장 르누아르는 세속적인 대화의 기교로서 우리들의 상호적인 행동 상태에 대한 그의 감정을 좀더 왜곡되고 피상적이며 가증스러운 것들 속에서 부여한다. 이런 장면은 사실상 **대화의 기술**이 아닌 모든 것을 보여준다. 어떤 예의도, 어떤 세련됨도, 어떤 에티켓도, 어떤 단정함도, 어떤 식탁 매너도, 어떤 예절도, 어떤 품위도, 어떤 사교성도 결국 예의범절이나 혹은 단순하게는 관례 부재의 멋진 겉모습이다. 르누아르의 다음과 같은 장면 속에는 모든 혼동이 준비되어 있다. 즉 **성**(처세술에 대한 회상을 거기에서 기대했던), **인물들**(악취미의 발현인 어떤 기교도 갖추지 못한), **상황들**(사랑 이야기는 없지만 저속한 보드빌 연극의 막연함이 있는, 가족 모임이 아닌 사회적 승진에 관한 의례적인 모임). 르누아르는 비열하고 공허한 상호적인 행동을 잠시 보여주는 데는 성공했다. 날씨, 건강, 요리, 일, 교통, 교육, 문화, 자신에 대한 고민, 여가 생활, 사랑의 모든 주제가 다 모였지만 대화만은 **채택**되지 않는다. 대화는 각각의 자리가 부여된 것으로 좀더 진실한 상호 작용을 하게 하거나 사교성의 공간을 설정하는 것으로 간주되는데, 제 신분을 되찾는다 해도 각자 자신의 인간성의 일부를 잃어버리는 인물들의 단순 소개로 변한다. 대화 상황의 양면성이 의사소통의 심급과 대화의 계기, 시뮬라크르와 예의, 가면 무도회와 예의범절, 기괴한 보드빌 연극과 사랑 이야기, 여흥과 놀이, 노블레스와 특권층, 관습과 **테이블 매너**… 사이 갈등의 장소를 여기에 드러낸다. 이런 《게임의 규칙》의 장면은 좀더 위에서 환기시킨 전도된 인간성의 타락과 양면성을 모두 드러낸다. 카사베트 대화 상태의 이런 극적인 요약은 정신병동에서 다시 돌아온 우울증을 가진 마벨이란 인물을 가족과 친구들이 맞는 《취한 여자》의 마지막 장면에서 아주 가혹하게 그려지고 있다.

닉	사람들이 수다를 떨고 있군. 안녕하세요, 별일 없죠? (…) 대화.
장모	바로 그가 대화에 대해 말하다니. 그는 정상적으로 두 문장도 넣지 못해.
손님들	대화, 대화.
닉	정상적인 대화.
마벨	정상적인 것이 뭔데?
닉	입 닥쳐.
마벨	나 말 안할 거예요.
손님들	무슨 말을 하는지.
닉	날씨가 어떤지, 네가 어떤지, 안녕. 날씨가 덥고, 춥고.
마벨	내가 아는 것을 넌 이해 못해.

이어 마벨이란 인물이 남편의 자살을 부추겼던 일, 여자로서의 그

녀의 삶, 아이들, 부부 생활 등을 이야기하기 시작한다. 이런 표면적인 가족들의 대화 속에서는 실제로 대화할 것이 있지만 보여주고자 하는 것과 사생활 사이에서 생기는 간섭이 극의 모든 장애를 나타낸다. 커플의 두 구성원들은 같은 문제에는 관심이 없다. 남편인 닉은 자신의 아내가 아내로서의 역할을 다하길 바라며, 그의 아내는 공개적인 생활 배치가 목적 그 자체가 아닌 또 다른 것을 기대하는 자신의 남편을 이해시키려고 애쓰는 인물이다. 안토니오니는 바로 이런 대화의 위기 상황을 영화화했다. 그의 영화 속 대화는 겉으로는 병[59]에 대한 시각보다는 덜 비소통적인 관계에 대한 것이다.

안토니오니는 해체와 분열의 느리고 고된 과정의 면밀한 검토보다는 병적인 대화 상태를 훨씬 덜 그리고 있다. 이런 과정은 리디아(잔 모로 역)와 조반니(마르첼로 마스트로얀니 역)가 병원 침상에서 죽어가는 토마소를 방문하는 영화 《밤》의 첫 장면에 있다. 분위기는 무겁고 숨막히며, 대화의 순간은 짧고 단속적이며, 사람들의 관계를 사로잡고 있는 죽음이 다가옴을 느낀다. 해체된 형태들과는 달리 안토니오니는 대화의 시퀀스들을 되찾으려는 희망조차 더 이상 갖고 있지 않다. 그는 비소통성의 영화인은 아니지만 병리학적인[60] 자신의 태도 속에서 대화를 훨씬 더 잘 묘사하는 작가이다. 그는 결혼 생활 10년이 지나 더 이상 나눌 대화가 별로 없는 현실적인 커플을

---

59) 질 들뢰즈는 안토니오니의 의문이 본질적으로 '소통할 수 없는 무엇'에 관해서 성찰하는 데 자기의 모든 에너지를 쏟은 신체의 피곤에 근거하고 있음을, 그리고 그의 영화의 어떤 방식도 비-소통의 극으로 한정시킬 수 없음을 주목했다. 《영화 2. 시간-이미지》, Paris, Éd. de Minuit, 1985. p.247.

60) 비-소통의 드라마로 자신의 영화를 한정시키는 것은, 기술과 현대에 대항하여 안토니오니의 관심에는 전혀 부응하지 않는 전통적인 비평을 다시 하는 것일 터이다.

그려낼 때 자신의 병리학적인 표현과 대화의 돌연 소실을 영화 《밤》 속에 담았다. 영화의 마지막 장면은 발렌티나 아버지의 빌라 정원에 앉아 있는 리디아와 조반니를 보여주고 있다. 리디아는 자신의 가방에서 편지를 꺼내 남편에게 읽어준다:

리디아　당신 얼굴 너머 나를 비추던 것보다 더 순수하고 더 심오한 무엇을 보았네……. 살아갈 남은 시간을 이해하는 차원에서 내가 본 것은 당신이라네……. 모든 세월이 거기 있었네……. 그 순간 내가 얼마나 당신을 사랑하는지를 알았고, 그 감정은 너무나 강렬해서 내 눈은 눈물로 그득했지. 왜냐하면 그 모든 것이 결코 끝나지 않을 거라 생각했고, 우리의 전 생애가 나에게는 마치 오늘 아침에 깨어난 것처럼 여겨져, 내 곁에서 뿐만 아니라 어느 누구도 파괴할 수 없게 내 일부로 느끼며…… 어떤 위협처럼 우리에게 드리워진 것으로 느끼는 습관과 무관한 불안이 아니라면…… 당신은 너무나 얌전히 잠에서 깨어나 …… 아직 잠결에서 미소지으며 나를 포옹하고, 나는 어떤 것도 두렵지 않다고 느꼈고…… 지금처럼 우리가 영원할 것을…… 시간보다 더 강한 무엇으로…… 습관보다 더 강한 무엇으로 하나가 된…….

조반니　누구 편지?

리디아　당신.

동요된 조반니가 불쑥 그녀를 자기 쪽으로 잡아당겨 입을 맞추려 한다.

리디아　싫어요, 싫어, 싫어. 난 당신을 더 이상 사랑하지 않아

……. 더 이상 당신을. 그리고 당신도 날 더 이상 사랑
하지 않잖아요?

조반니 그만해, 그만.

리디아 그렇다고 말해요, 어서.

조반니 싫어, 그렇지 않아. 그렇지 않아.

끝.

이 영화는 조반니가 새로운 관계, 새로운 사랑의 역사를 다시 시
작하고, 타협이 없는 그 모든 것을 지워 버리려는 희망으로 리디아
에 대한 연민으로 격렬하게 키스하는 장면에서 끝이 난다. 사랑의
대화는 습관과는 무관한 동요, 무기력한 커플을 구하기 위한 바로
그 시점에 존재한다. 그러나 어느것도 이루어지지 않았고, 의지도
상호 행위도 없다. 안토니오니로서 대화란 시작도 하기 전에 완성되
지 못한 이런 커플 관계의 모습에 있는 것이다. 조반니는 심오한 감
정과 현실을 표현하는 가장 아름다운 사랑의 편지가 될 것처럼 썼
지만 몇 년 후 그는 자신이 쓴 것조차 더 이상 기억하지 못한다. 관
계극, 대화의 비-희극을 바타유가 **범죄적 소통**이라 부른 그런 과정
을 안토니오니는 영화화했다. "인간의 위치가 어쩔 수 없게 한다. 그
들은 '소통' 해야만 하고, '소통' 의 부재는 가장 비난받아 마땅한 것
이다. 존재들을 훼손하고 상처 주지 않고는 이루어질 수 없는 '소
통' 은 그 자체가 유죄이다."[61] 의사소통은 본질적이지만 잠재적으로
인간에 대한 파괴를 품고 있다. 그런 이유들 중 하나로 의사소통이
유죄이다. 대화중인 인간은 서로서로를 죽이고, 자기 자신의 기회

---

61) G. 바타유, 《전집》, 〈VI: 니체에 대하여〉, **Paris, Gallimard**, 1973, p.43.

를 내세우는 한 타인을 죽이는 것이리라. 대화를 하는 주체는 자신의 말을 듣고 있는 타자와 말을 함으로써 타자가 드러나지 못하게 하는 존재의 지표로 남아 있다. 그 유명한 **대화의 상흔**은 명령어의 언표 행위에서 타자에게 부과된 상흔만큼이나 인간(담론의 언술 주체자의 부재. 대화의 주체로서조차 존재하지 않는 인간)의 나르키소스적인 상흔의 회상에 해당한다. 그러나 화자들에 의해 교묘하게 조직된 이런 공격은 어쨌든 존재 지표로 존재하는 이점을 갖는다. 만약 소통을 안할 수 없다면 적어도 대화하지 않을 수 있고, 에드워드 올비의《누가 버지니아 울프를 두려워하랴?》의 인물들처럼 어떤 경우에는 적어도 서로를 죽일 수 있다. 올비는 **범죄 대화**의 주제에 대해서만 연출한다. 실제로는 거기에 이르지 않는 여러 배역들이 상처 입은 대화가 될 수 있을 때까지 보여주고 있다. **주인을 어떻게 창피를 주는가** 또는 **자신의 초대 손님의 마음을 어떻게 사로잡는가** 같은 장면에서 조지와 마샤는 그들의 모든 대화가 겸허해지도록 극화하거나 서로 죽이는 데 할애한다. 이런 책략적 게임은 커플의 요청, 즉 적어도 이런 격렬한 공격으로 존재함을 증명하라에 부응하는 것이다. 높고 낮은 위치를 연속적으로 채택하면서 커플은 차례로 파괴되어 간다. 안토니오니는 그런 것들을 표출하는 데 쓰이는 대화와 감정의 병을 훨씬 덜 격렬한 특색으로 영화화했다. "《밤》 안에서 인물들은 약간 넘어선다.《모험》 안에서는 동정의 결합 자질을 통해서만 소통한다. 그리고 그들은 말하지는 않는다.《밤》에서 인물들은 서로 말하고 소통한다. 그리고 그들은 그들에게 닥친 것에 대해 의식은 하지만 그 결과는 마찬가지이다. 인간의 위선적인 면이 존재한다. 그리고 그는 이런 순간에 그것이 끝이 될 것이라고 말하기를 수용할지 말지 알기에 대화를 거부한다. 그러나 또한 그것은 그 관계

가 죽어 버리지 않기를 희망하는 방식이고, 그러므로 그것은 분명해
지는 상황에 대한 가장 긍정적인 측면이다."[62] 그런 식으로 안토니
오니는 자기 영화 속의 인물들간의 상호 관계를 느끼고 정의했다.
훨씬 더 모호한 회의론자로서, 훨씬 더 체계적인 비소통성으로 안토
니오니는 독백 또는 방백의 표현으로 대화가 말하는 주체의 해체를
실현하고 구체화하는 상황을 영화화했다. 그의 영화는 탁월한 비소
통성에 대한 것으로 인식되지만, 안토니오니는 적어도 인간의 사교
적인 대화와 실현 가능한 관계를 수립하는 데 있어 간단한 난관을
넘어서는 데는 성공했다. 안토니오니로서는 사람들이 소통에 이르
지 못하거나, 그들이 상호 행동의 소통 속에서 거북해하지만 어떤
의미도 없는 대화나 상호 관계의 생각 자체를 말하려는 것은 아니다.
사람들은 쾌락만을 위해 말하지는 않는다. 관계의 시작을 위해 논쟁
하지는 않는다. 금방 사라지지 않을 행운을 가진 것을 증명하기 위
해서만 이야기한다. 사람들은 게다가 그것을 실제로는 할 수 있을
거라는 것을 알지 못한 채 실재의 지표를 증명한다. 안토니오니는
공장, 소음, 자동차, 기계들, 입에서 나오는 소음들을 계기로 이런
긴장을 영화로서 두드러지게 하고, 이 모든 것이 짓누르는 분위기
속 인물들의 기다림으로 강조되고 있다. 《붉은 사막》 속 지올리아나
의 모습은 오지 않을 것을 알면서도 절망 속에서 코라도를 기다린다.
그의 영화는 해체된 세계를, 그 속에서는 모든 것이 해체되는 단절
된 대화의 반영을 그리고 있다. 게다가 존재한다는 인상을 주는 상
호 행동도 없다. 안토니오니의 표면상의 비소통성은 그 과정의 특이
함이 원래 응집력 또는 일관성이 존재하지 않음을 보여주는 대화의

---

62) 안토니오니와의 인터뷰, 《카이에 뒤 시네마》, septembre 1992, n° 459, p.56.

분열 과정일 뿐이다. 《붉은 사막》에서 지올리아나가 현실을 찾아 떠나려고 결심할 때 그녀가 도달할 수 없음을 분명히 알고 있는 것처럼 그의 인물들은 천천히 분할되고 해체된다. 그녀를 둘러싼 세상과의 분열 상태에서 항상 그녀는 과학과 개인 간의 불균형을 두드러지게 하는 대화 상황의 역효과를 잘 들으려고 하는 이에게 신호를 보낸다. 실제로 그녀는 자신의 비존재성을 현실화시킬 뿐이다. 안토니오니는 다른 인물들 속에서도 나타난 동일 상태의 변화를 그렸다. 사실 그로서는 다른 누구보다, 어떤 타인보다 더 잘 소통하거나 대화하는 개인은 없다. 그래서 모두가 동일한 관계의 무능력한 상태에 처해 있다. 《붉은 사막》에서 지올리나가 얘기하는 **아킬론**의 우화는 산업 환경에서 영화의 인물들이 살아가는 세상과 경제 활동하는 세상, 평화로운 세상, 자연 요소들간의 직접적인 접촉을 하는 젊은 여자에 의해 상징화된 세상, 타인들과의 모든 접촉을 거부하면서 뒤로 물러나 앉은 인물의 두 세상 사이의 갈등을 보여준다. 잡을 수 없는 그런 신비한 목소리를 찾아서 우화 속의 젊은 여자는 떠돌아다닌다. 지올리아나는 **누가 노래하는가**라는 질문에 **모두**라고 대답한다. 달리 말하면 이런 목소리는 대화가 거기에 존재하는 순간들이지만 또한 아무것도 실현되지 않는 순간에 존재한다. 안토니오니는 우화 속의 젊은 여자가 찾는 것이 결코 성공하지 못할 것임을 분명히 알고 있는 것처럼 단순히 그것을 찾아서 떠날 것을 우리에게 제안하고 있다.

영화인의 지성과 섬세함은 이런 대화가 병적인 망상의 한낱 표출로 귀착하지 않고 대화의 발광적인 상태를 표현하는 그 방식에 좌우된다. 대화는 제 희박성에 의해서 망상적이다. 안토니오니 영화의 전반적인 분위기는 질식할 것 같고, 게다가 유해하다. 주체들은 서로

서로를 찾고, 삶의 조건들은 고되며, 자연의 묘사는 무시무시하다. 사람들은 걱정하면서 그들의 시간을 보내고, 희박한 대화의 순간에 그들의 계속되는 방황에 대해서 끊임없이 자문한다. 큰 연관도 일관성도 없이 분할된 대화, 종종 산업화된 외부 환경의 거칠고 불안스러운 병적인 대화, 숨막힐 듯한 이 모든 순간들은 불분명한 장소에서 타오른 대기 분출이 리디아를 뒤덮을 때까지 그녀를 둘러싸는 영화, 즉 《밤》 속 연기의 배출처럼 안토니오니 영화의 인물들을 엄습한다. 동일한 방식으로 《붉은 사막》에서는 공장의 매연이 지올리아나를 위협한다. 이 모든 매연은 인물들이 자리잡고 있는 일반적인 억압의 상태, 즉 대화 관계에서 오는 거북함, 상호적인 행위에서 오는 불편함, 단일성의 추구가 아닌 그들에게는 가짜로 일관된 것처럼 보이는 현실에 대한 이탈을 단순히 보여주고자 하는 개인들의 일반화된 분할을 환기시키려는 것이다. 만약 사랑이 허울뿐이라면 대화도 그렇다. 안토니오니는 대화의 힘, 비어 있음, 침묵, 중압감을 드러내 보였다. 영화 《붉은 사막》 속에서 러시아 해군과 지올리아나의 부두 위 대화 장면(각자의 문제, 즉 지올리아나의 고뇌와 방황, 그리고 러시아 해군의 욕망을 말하는 장면)은 안토니오식의 대화가 사랑 관계의 파멸로 해체된다는 것을 말한다. 동일한 문제가 영화 《밤》에서는 그녀가 써서 그에게 들려준 텍스트——그 속에는 그녀가 세상과의 어려운 관계를 거론하고 있다——에 대해서 발렌티나와 조반니가 논쟁하는 장면에서 제기된다. "무익한 소리는 듣고 싶지 않아요. 하루 동안만이라도 그것들을 선택할 수 있으면 좋겠어요. 목소리와 단어들도 마찬가지예요. 듣고 싶지 않은 단어들이 너무나 많지만 거기에서 벗어날 수는 없어요. 그것을 견디는 수밖에. 물에서 들리는 파도 소리처럼 마지못해."[63] 부주의 또는 고의로 사람들은

더 이상 아무것도 모르게 된다. 발렌티나는 조반니가 다시 듣고 싶
어했던 녹음기의 테이프를 삭제해 버린다.

안토니오니는 미완성의 순간이 지속되는 동안 인물들이 재회할 수
없도록 분열되는 대화를 연출했다. 사실상 그가 촬영한 대부분의 상
황에서 결국 여자들이 용서하더라도 보통 처음에는 중재 상황과 타
협을 거부한다. 《밤》과 《모험》의 끝은 의미심장하다. 여자들은 대화
관계를 왜곡시키고 속였던 남자들을 기다린다. 어쨌든 그녀들은 다
음번에는 좀더 나아지거나, 좀더 나은 미래가 있음에 대한 끊임없
는 환상으로 용서할 준비가 되어 있다. 안토니오니는 고독의 순간
이나 일어난 적이 없는 대화의 순간을 그렸다. 분위기는 우울하고 슬
픈 대화를 떠올리게 한다. 촬영된 이런 여러 가지 시퀀스들은 **대화
의 기술**에 대한 윤리적인 틀에서 고무된 한낱 발현이다. 대화는 《코
뮈니카시옹》지의 1979년 30호의 대화에 관한 특별호의 표지 사진
모습에 고착되어 있는 것 같다. 잘 정돈된 장소, 잘 마련된 테이블,
기분 좋은 장소, 맛있는 식사에 대한 기대 그러나 이런 장소에 아무
도 없는, 잘 마련된 테이블이지만 비어 있고, 유쾌한 장소이기는 하
지만 얼마나 경직되고 차갑게 보이는가! 대화 행위를 가능하게 만들
기 위해 모든 것이 갖춰져 있지만 아무런 일도 일어나지 않는 오히
려 일상 생활 속에서 수많은 파롤 행위가 존재하듯이 연극적인 배
경, 연출과 관련이 있다. 모든 것이 인위적이고 형식적이다. 그런
장소가 장식되어 있고 사람들은 항상 재건되기를 기다린다. 그렇게
우리들은 어떤 확신에 우리를 결부시켜 서로 사랑하고 행동하고 대
화를 나눈다. 대화의 위기 상황은 그 속에서 말하는 주체가 존재하

---

63) M. 안토니오니, 《밤》, in 〈필름의 역사〉, Paris, Buchet-Chastel, 1961, p.75.

는 실제 난관이기도 하지만 라캉이 열거한 끝없는 궁지임을 입증한다. 즉 한 사람이 지나가고 또 다른 한 사람은 항상 도래하지는 않는 그것 역시 역설적인, **금지**(inter-diction)의 어원이 나타내듯이 순회 상황이다. 관계되는 말(의사소통)과 원하는 것(진실의 코드, 또는 금지된 대화)을 말하는 데 있어서의 장애 사이의 동시성. 그렇다면 우리의 대화에서 남은 것은 무엇인가? 아마도 나르키소스 없는 나르시시즘의 이미지인 이 반영을 생각하는 데 있어 주체 없는 영원한 반영, 다시 말하면 원본적인 **오해**인 아마도 대화 가능할 것이라 간주하는 개인일 것이다.

르네 마그리트의 그림 《대화의 기술》은 제 방식대로 이러한 질문들에 한 가지 해답을 제시하고 있다. 그러나 그의 대화에 관한 문제 제기는 그림을 구성하는 철학적인 어떤 기준의 시각을 요한다. 이런 기준(세 가지 정도)은 더 이상 윤리적인 것이 아닌 철학적인 태도 속에서 좀더 잘 대화의 본성에 접근할 수 있는 수단이 될 것이다. 대화는 우선 대존재의 시퀀스이다. 둘째 대화는 담화의 언표 주체를 살피고, 최악의 경우(한담)에는 직접화법을 혹은 최상의 경우에 대화가 문체의 목적에 부응할 때는 간접화법을 검토한다. 그래서 다음의 세 가지 물음이 제기된다.

1. 존재론으로부터 무엇에 이르게 되는가? 존재론이 대-존재를 말할 수 없음을 벗어나 생각할 수 있는가?

2. 언표와 언표 행위의 주체——나(Je) 또는 사람들(on)[64]이 말한다——에서는 무엇이 도래하는가?

3. 직접·간접화법에서 무엇이 남는가? 사실상 간접적인 모든 담론이다. 그리고 직접화법은 말하는 **나**를 여전히 상상하기 때문에 다른 것 그 이상이다. 이런 상황에서 일상 생활의 대화는 괴롭다. 간접

화법에서 문체는 자유로운데, 그 이유는 수동적인 언어에서 일탈(물론 언어를 풍요롭게 하는 자에게 가장 중요한 일탈)을 만드는 가능성을 작가에게 강조하기 때문이다.

대화의 미궁 속에서 마그리트가 제시한 여정은 우리가 기대하지 않았던 해답을 가져다 줄 것이다.

---

64) 문학의 주체(문학 속에서 말하고, 문학에 대하여 말하는)는 언어 활동이 어떻게든 자기의 실증성 안에서 존재하는 것이 아니기 때문에 숨김없이 내가 하는 말 속에서 표현이 될 때는 자신의 공간, 비어 있음을 발견한다. M. 푸코, 《바깥의 사유》, Paris, Fata Morgana, 1986.

II

마그리트의 《대화의 기술》
언표 행위의 감소, 균열, 분열

사람들은 대화를 통해 고매하고 설득력 있고
활기찬 사고가 순환된다는 것을 아는가?
나탈리 사로트, 《너는 널 사랑하지 않잖아》

너무 희박한 언표[1]에 비해 빈번한 언표 행위로 인해 무기력해진 개인은 언표 없는 언표 행위의 범주인 상투적 의사소통의 이면으로 종종 숨는다. 주체의 부재, 언표의 부재, 자유로운 배열의 부재! 그렇다면 대화에서 남아 있는 것은 무엇인가? 우리를 두번째 단계로 이끌어 줄 길잡이인 1950년에 그린 《대화의 기술》(211쪽 참조)이라는 마그리트의 그림은 바로 이야기하는 주체의 종잡을 수 없는 문제를 적나라하게 제기하고 있다.

파롤이 **말하는** **대중**의 표출이라면 발언권을 가진 개인이 무엇을 할 수 있을 것인가? 세 가지 물음, 세 가지 방법, 한 번의 계획의 시도가 있을 수 있으나 당분간은 어떤 해결책도 없다.

---

1) 나는 언표를 의미의 표출로 볼 것이다.

첫째—**익명(on)**의 범주로 제한된 **가면 무도회**나 은폐된 의사소통의 순간은 왜 몇 번이고 시뮬라르크(…)를 되풀이하는가?

둘째—왜 시적 혹은 분열증적 대화(**나는 전적으로 혼자 말하고 미친 듯이 이야기한다**)에 결국 이르는 언표가 무엇인지를 말할 수 없는가?

셋째—왜 이런 **시뮬라크르**에 대한 대답은 항상 **명령어(누군가 나에게 말한다)**를 통하는가?

이 세 물음들은 앞서 본 지멜의 공식인 **사회적일수록 덜 사교적이다**를 세 가지 다른 방식으로 다시 정립한 것이다. 본래 **대화의 기술**은 무엇보다 처세술이고, 지멜 역시 "파롤이 그 자체를 위한 정당한 목표가 되는 유일한 경우"[2]라고 강조했지만, 또한 인간을 자기 행위에 따라 정당화하는 수단이기도 하다. 자신의 대화 상대자의 마음이 상하지 않도록 가능한 한 덜 말하는 장소인 대화 공간은 존중을 요한다. 이런 상황에서 개인은 소통(말하는 대중의 복잡성 속에서의 교환하기)할 수도 있고, 동시에 이야기(나를 처음 드러내어 공유하기)할 수도 있는가? 단지 지름길만 있는가? 그것은 아마도 각자가 자기 자신을 조종하는 무언의 독백, 즉 고독한 대화에 이르는 길일 것이다.

---

2) G. 지멜, 《사교성의 사회학》, Urbi, III, 1980, article cité par G. 들뢰즈, 《시간-이미지》, Paris, Éd. de Minuit, 1985, p.295.

1. 언어의 존재

파르메니데스의 물음, 즉 "말할 수 있고 생각할 수 있는 것이 있지(존재하지) 않으면 안 된다. 왜냐하면 존재하는 것은 있는 것이지만, 비-존재(없음)는 있는 것이 아니므로 이것을 그대가 생각할 것을 명한다"[3]를 다시 인용하지 않더라도 내 의도는 대화의 존재론적 한계, 달리 말하면 언어의 존재에 대하여 규정하는 것일 뿐이다. 언어에 관한 문제에 대하여 간략히 말하자면 철학적 전개 과정으로는 그것의 본성을 분명히 할 수 없는 문제에 항상 봉착하게 된다는 것이다. 헤라클레이토스의 《경구 93편》은 이런 종잡을 수 없는 언어의 존재론적인 문제를 요약해 보여준다. "그것을 드러내지도 숨기지도 않는다. 다만 암시할 뿐이다."[4] 이것은 나중에 얀켈레비치의 "내가 무엇인지 모르는" 혹은 "거의 아무것도 아닌"과 같은 발언으로 변하게 된다. 헤라클레이토스의 간결한 경구야말로 자신의 글쓰기의 경쾌함과 통찰력으로서 불가항력적이고 갑갑하고 중대한 상황을 무마시켜 주는 데는 최고로 탁월하다. 그런 상황에서 바로 무엇에 대한 무엇이 아닌 간략하게 무엇인 일종의 대존재에 대한 직접적이고 적절한 표명인 여전히 무엇을 하거나 말할 수 있다고 생각한 자, 학자의 참모습이 있다. 그러한 목적으로 철학은 원래 실제로 해결되었던 존재론적 문제를 의미하는 것임에 틀림이 없고, 다른 것으로 넘어갈 수도 있었던 일련의 모든 개념을 확립했다. 비록 이런 개념

---

3) 파르메니데스, 《진리의 길, 소크라테스 이전 사상가들》, trad. J. Voilquin, Paris, Garnier, 1964, p.94.
4) Héraclite d'Éphèse, 《경구 93》, *op. cit.*, p.79.

들을 철학자들이 **관념 · 범주 · 실체 · 본질(실존의) · 본질(사물의) · 주체 · 실존 · 무엇 · 어떤 · 그러한 · 무슨 · 때문에 · 무엇인지 모르는**, 그리고 좀더 최근에 와서 **교차 · 교착 · 주름**처럼 다양한 형태로 변질시키거나 왜곡하더라도 **존재 · 누가 · 무엇 · 무슨**과 같은 그런 개념적인 축약은 너무도 덧없음을 빨리 드러낸다. 그러나 결국 본질이 단지 보편적(신-플라톤주의)이거나 중립적(아비센나)인, 실존적이거나 본질적인 질적 · 양적 · 본질적인 철학이더라도 존재는 아무것도 아니다. 철학은 하나의 선 자체로 남겨두었던 **제 물음**을 영원히 되풀이하고, 또 환상을 품었다. 그러나 그것이 존재론적 난관을 제거한 하이데거적인 시도는 아니다. 어느 누구도 그 문제에 답을 할 수도 없었고, 2천5백년간의 개념화에서 해결할 수 없었던 것을 성공할 수 있을 거라고 생각하는 자의 근거 없는 어리석음으로 하이데거가 직면했던 문제를 해결하지도 못하였다. 그가 생각한 최후의, 그리고 최상의 대답은 사실상 단순한 형이상학적 문제 제기로 귀착된다. 그 모든 것으로부터 **아무것도, 거의 아무것도, 무엇인지 모르는, 미완성된, 말로 표현할 수 없는, 즉흥적인, 돌이킬 수 없는** 유의 엉망이고 단순한 식의 사고를 혹평하는 얀켈레비치의 빛나는 응축된 표현만이 남는다. 말로는 표현되지 않는 무엇을 생각한다는 것, 그것이 창조의 쟁점이다. 얀켈레비치는 게다가 보편적인 존재는 헤라클레이토스가 수긍한 의미인, 그렇다고 해서 이러한 의미의 보편성을 말하는 것이 아니라 의미를 부여하는 것으로 표현할 수도 없고 동시에 **무엇인지 내가 모르는 것**과 "영원히 그것에 대해서 배워야 할, 한없이 그 속에서 알아야 할 것이 있으므로 무한히 인식 가능한"[5] 것임을 상당히 **신랄하게** 지적했다. 사실상 그것은 똑같은 말이다. 존재로부터 우리가 아는 것은 존재 동사의 빈위(賓位)의 의미를 안다는 것이 아니다. 존재는 어떤 보편성도 갖지 않고, 단지 특수한 형태만을 가진 빈위 형식과 관련된다는 의미에서 존재한다는 것이다. 반대로 존재로부터 아는 것은 그것을 말할 수 있다는 것이 아니고, **존재**가 있음을 인식할 때 그것의 존재론적 형태를 서로 알거나 서로 알아볼 수 있다는 것, 오로지 그것뿐이다. 얀켈레비치는 파르메니데스적인 물음이 해답 없는 의문으로 남아 있지만 철학은 그리스 기적에서부터, 언표의 형태로 존재를 명시한 순간부터 그것을 인식했음을 덧붙였다. 그래서 우리에게는 부정사의 불가역성에 맞춰 잠재적 사고가 이리저리 옮아가는, 즉 결코 존재한 적 없는 하나의 존재(être)에서 끊임없이 변화중인 현재분사, 존재자(étant)로 이행하는 대존재에 대하여 상당수의 직관을 진술 형태로 표명하는 것밖에 남지 않았다. 그런 이유로 우리는 말하는 주체에 다가가기 위해 부정적 존재론(그렇지 않은 것에서부터 존재를 정의하는)의 돌이킬 수 없는 위험을 감수하지 않으면 안 된다. 주체는 자기 진술의 본성에 대한 확신 없이 말을 한다.

2. 언표의 본성

언표나 언표 행위 주체에 대한 두번째 관점에서 우리는 이 두 개념이 부정적 존재론의 개념에 그 기원을 둔다는 것을 확인했다. 언표란 구조(거의 무한에 가까운 구성 단위의 합)가 아닌 '존재 기능'[6]이

---

5) V. 얀켈레비치, 《무엇인지 내가 모르는 것과 거의 아무것도 아닌 것. 양태와 기회》, Paris, Seuil, in 〈푸앵〉, 1980, p.26.

기 때문에 규정하기 어렵다. 더더구나 언표 행위의 기능을 사용 방식이나 원칙으로 축소시킬 수 없으므로 이런 **기능**은 그 내용 자체를 각각 보유한 인식의 수많은 영역에 교차되어 있다. 그 기능은 의미나 지시체가 나타날 수 있도록 만드는 합목적성을 더 이상 갖고 있지 않다. 발화 내적 행위(그것을 말함으로써 행하는)에서부터 그 행위를 통해 언표가 드러나고, 우리는 그것의 내재적 본성을 아주 잘 규정할 수 있게 된다. 그럼에도 불구하고 언표로 된 것이 아닌(보다 정확히 말해 언표가 아닌) 언표의 작용 방식인 언표들이 의미 내용을 전달하고 적응하고 반복하며 되풀이하는 방식, 달리 말하면 하나의 텍스트가 제 언표에 의해 또 다른 텍스트로 처음의 것을 가능하게 만드는, 즉 텍스트 그 자체를 초래하는 이런 유의 거울 효과를 연구하는 것이 훨씬 흥미진진할 것 같다. 그것은 거짓된 것이지만 단순한 객관적 연속으로 귀착되기 때문에 연대기적 순서도 아니고, 존재의 정도는 언표가 어떻든지 동일하므로 존재론적 순서도 아니며, 오히려 그 본래의 의미를 잃어버린 탈이중화의 방식으로 제 순서 자체를 자가 재생산하는 단순히 순환적인 연쇄이다. 이런 언표의 **존재 기능**은 미셸 푸코가 방계 혹은 인접으로 규정한 공간에 따른 다양한 단위들간의 일련의 관계들을 유지하는 수직적인 차원에서부터 실현되고 구성된다. 단순히 '담론의 원자'[7]인 언표는 본래 기호 총체(언어 양상)보다도 단순한 물질성(다양한 매개체로 무한한 관계항을 유도하는 정위 영역을 한정하는 대상 양상)보다 훨씬 더 많다. 철자들·단어들·명제들·문장들도 갑작스러운 변화를 낳고, 하나의 관

---

6) M. 푸코, 《지식의 고고학》, Paris, Gallimard, 1969, p.115.
7) M. 푸코, *op, cit.*, p.107.

계 체계에서 다른 것으로 넘어가는 언표는 그것의 이질성과 불가분의 관계이다. 이질적인 공간 자체 내에서 교차되는 이런 여러 가지 체계는 아주 희박하면서도 다양한 언표가 되도록 애쓴다. 푸코는 언표들의 '언제나 부족함'[8]을 단언하기조차 했다. 언제나 언표들이 항구성도 동질성도 없는 한 공간에서 다른 곳으로 이행하므로 무엇보다 언표에서 고려되는 바가 바로 그것이 만들어 내는 공간이다. 따라서 언표들은 풍부함과 희박성을 동시에 입증하는 언표들의 변조, 변이의 방식인 일련의 담론의 **탈주선**을 만들게 될 것이다. 푸코는 그것이 '비가시적이고 비은폐적인'[9] 동시에 언표의 의미 범위를 단순화하지 않음을 덧붙였다. **비-은폐**, 그것은 언표가 만들어진 기호들, 즉 그러므로 가시적인 것을 대상으로 한다는 점에서 쉽게 이해는 되지만, 또한 다양체를 이루어 언표를 풍부하게 만드는 어떤 인식을 독자로 하여금 요구하기 때문에 **비-가시적**이다. 이 두 결합은 개인이 그럼에도 자신의 것으로 인식하는 겉으로 보이는 인상은 기이하다. 불가사의한 것도 단순히 투명한 것도 아닌 언표는 다른 영역들이나 다른 언표들의 삽입을 차례대로 가능하게 만드는 방계 공간을 제한한다. 결국 비연대기적인 언표들의 이런 고문서고는 일련의 사건·개념·사고 등등을 복원할 뿐만 아니라 다양한 결합에 의해 하나의 기능을 만들어 내는데, 그 기능의 특이함이 수평적인 정체성의 서열, 동등함의 표현이 아닌 수직적인 차이인 동일성이 수립될 것이다. 만약 수학적인 특색이 동등함(사물은 그 자체로 동등하다)의 서열을 인정하는 데 어떤 어려움도 겪지 않는다면 지식의 고

---

8) M. 푸코, *Ibid.*, p.156.
9) M. 푸코, *Ibid.*, p.143.

고학은 다양체 속에서의 통합, 차이 속에서 동일함의 회귀인, 말하자면 다양하고 유일무이한, 새롭고 오래된, 가시적이고 은폐된 경험의 승인을 증명하기 위해 시간의 순환을 초월할 수밖에 없다.

3. 직접 · 간접화법

직접 혹은 간접화법은 언표의 희박성과 **누군가 말한다**는 식의 익명성에 관한 푸코의 분석과 완벽하게 맞아 들어간다. 담론의 언표 주체에 대한 질문과 의미 생성의 여러 공간들의 이질성이 들뢰즈에게는 문체에 관해 좀더 폭넓은 이해 속에서 담론에 관한 그의 성찰이 이루어지도록 한다. 문체는 경직된 형상이나 구조적으로 배치된 형상이 아니라 다양하고 이질적인 관점의 배열이다. **문체 목적**의 표현 매체인 직접 · 간접화법은 단순한 문법적 절차로 국한될 수는 없다. 자유간접화법은 무엇보다 화자가 진술동사가 이끄는 종속절 속에 두번째 화자 자신의 언표를 보도하는 방식으로 정의된다. 또 다른 언표 행위 속에 인용한 언표 그 자체에서 인용한 이런 언표 행위를 가리킨다. 이와 같은 정의에서는 개별적인 언표가 없고 "언표 행위의 주체들이 접합"[10]되어 있다고 하더라도, 그리고 그것이 결국 문체에 관한 자기 작업의 증거인 작가에게 고유한 배열을 낳는다고 하더라도 간접화법은 자유롭다라고 덧붙이는 것이 적합하다. 이런 관점에서는 문체가 형식적인 배치(아름다운 글쓰기의 기술)와는 아무런 공통점이 없지만, 편차를 추구하는 작가는 발레리의 표현을 빌리자

---

10) G. 들뢰즈, F. 가타리, 《천 개의 고원》, Paris, Éd. de Minuit, 1980, p.101.

면 **문법적 일탈의 통계학자**[11]가 아닌 **일탈의 주동자**이다. 게다가 들뢰즈가 담론의 언표 주체, 집단적 배열, 명령어, 담론 생산자인 나(Je), 변이선, 혹은 이질성의 부재를 떠올릴 때 그는 **삶의 실용학**, 달리 말하면 일종의 **삶의 탈주선**으로서의 **문체**의 개념을 정립하는 데 사용될 푸코의 언표들과 아주 유사한 분석을 제안하고 있다. 사실상 언표의 본성과 제 희박성이 언표 행위의 부재가 된다. 보완적인 공간과 체제에 대한 분석이 **명령어**와 **on**의 생산자 **Je**를 대신하는 것처럼 **누군가 말한다**는 집단적인 배열 방식과 유사하다. 푸코의 관점은 문체의 이런 실용학을 명확히 한 들뢰즈와 가타리의 관점을 보완할 수 있는 참고를 제공한다. "시인은 명명되고 일상적으로 예견된 차이들의 하부에서 사물들간의 묻혀진 유사성과 산재된 유사 관계를 재발견한다. 시인은 기존의 기호들 속에서, 또한 그런 기호들에도 불구하고 단어가 사물과의 보편적인 유사 관계 속에서 빛나고 있었던 시절을 회상시켜 주는 저 심연 속의 또 다른 담화를 듣는다. 언술하기 힘든 말이지만 동일자의 지상권(至上權)은 시인의 언어 속에서 기호들간의 구분을 말소한다."[12] 그리고 또 다른 어조로 말한 들뢰즈와 가타리의 말을 인용해 보자면 "난 언제나 분자적인 언표 행위라는 배치물에 의존한다. 이 배치물은 내 의식에 주어지지 않았

---

11) P. 발레리, 《클레다에게 쓴 편지》, in 〈르뷔 드 프랑세즈〉, n° 40, 1928, p.59. 비-문체는 단순히 입에서 나오는 소리에서 무의미한 대화로의 수사적인 효과에 대한 거부로 해석. 프루스트 읽기에서 들뢰즈는 인간의 정수로 정의한 비문체에 접근했다. 《프루스트와 기호들》, Paris, PUF, 1964, p.200. **일탈의 동작주로서** 작가와 비-문체에 대한 이런 환기는 파세로네 교수가 자신의 작품 《추상선》(들뢰즈의 서문, Milan, Guerini Editore, 1991)에서 폭넓게 전개한 바 있다. 파세로네의 분석은 프루스트 · 플로베르 · 클로델 · 카프카 · 블랑쇼가 접근했던 것과 같은 글쓰기에 대한 **추상적인 선**을 제시한 자유 공간과 문체의 들뢰즈식 관점에 맞춰졌다.

12) M. 푸코, 《말과 사물》, Paris, Gallimard, 1966, p.63.

고, 사회적 규정들에만 의존하는 것도 아니며, 오히려 많은 이질적인 기호들의 체제들을 결합한다. 이 배치물은 횡설수설인 것이다. 글쓰기, 그것은 아마도 이 무의식의 배치물을 백일하에 드러내고, 속삭이는 목소리들을 골라내고, 부족들과 비밀스러운 관용어들을 소환하는 일이며, 거기서 내가 '자아' 라 부르는 그 무엇을 추출해 내는 일이리라."[13]

문체는 담론의 언표 주체가 없으므로 간접적인 동시에 또한 문체를 잘 만들어 내고자 하는 자에게는 고유한 것이기 때문에 자율적이기도 한 배열 규칙들을 준수함으로써 한 언어에서 다른 언어로 새롭게 전개되도록 단어들이 확연히 드러나도록 만든다. 원언어에서 다방면의 탈주선에 따라 언어의 다양한 변이들을 배열하는 것은 이질적인 재료를 심층적으로 다루게 해준다. 언어 그 자체에서는 동질적인 모델화도, 표준적인 모델화도 없지만 라보프의 전제처럼 언어의 내재된 변이들의 상호 침투성이 있다. 음악적 구성이 언어 변이와 동일한 중요한 축약을 제공해 준다. 예를 들어 말러의 경우 변주는 음악 주제의 파급을 제한하며, 또한 결코 특수한[14] 내부 구조에 종속되도록 내버려두지도 않는다. 그리고 주언어를 발견해 내는 계속된 변이인 글쓰기에서처럼 주제가 여전히 그리고 항상 우세하다. 들뢰즈와 가타리의 경우에는 그것이 주언어의 **탈영토화** 행위가 된다. **언어 없는 2개어 병용**의 모든 문제는 **문체 목적**의 문제가 명령어에서 **암호**로의 이행을 증명하는 것인지를 아는 것이다. 결국 그것은 명령어의 배열에서 지연된 재배열은 아니지 않는가? 푸코는 문

---

13) G. 들뢰즈, F. 가타리, 《천 개의 고원》, *op. cit.*, p.107.
14) T. 아도르노, 《말러》, Paris, Éd. de Minuit, 1976, pp.126-142, trad. Leleu, Leydenbach; 변이체/형태의 분석을 참조할 것.

체 형상에 관한 자신의 분석에서 언표 행위에 대한 물음으로 여전히 찾아지는 것은 아니지만, 또한 인간의 언어 활동에 내재된 요소이기 때문에 모두에게 공통되는 한 모든 존재에 낯선 영역인 언어의 심층 영역에 대한 정복을 기점으로 하는 작가의 방식을 언급하고 있다. 작가의 작업은 바로 자신의 도구인 단어로부터 언어의 의미에 유일하게 접근할 수 있는 이런 횡단선을 찾기 위해 소리나는 재료에 깊이 파고드는 것이다. 그것은 문체를 다루는 이가 언어의 일상성과 동질성의 증거인 모든 언어 정체성을 문체의 특성으로부터 제거하기 위해 차이 속에서 이런 동질성을 되찾으려고 한다면 고되지만 필요한 작업이다. 들뢰즈와 가타리의 경우에도 그것은 정확하게 동일한 방식으로 제기되는 문제이지만 사용된 표현들만 달라진다. 푸코는 명명된 일상적인 차이들에 대해서만 언급하는데, 들뢰즈와 가타리는 언어의 동질성을 언급하고 있다. 푸코가 상황으로 감춰진 부분들에 이르려고 한 곳에 들뢰즈와 가타리는 다양한 배열과 횡단선으로 전달된 자유간접화법에 대해 거론하고 있다. "내 목소리를 끄집어 내는 그 목소리의 집합"[15]은, 그 아래에서 시적 담론[16]이 드러내 보이는 기존의 기호들의 주제 반복을 나타낸다. 최종적으로 푸코에게 있어 시적 언어의 심층 영역의 감추기가 들뢰즈와 가타리의 경우에는 문체에 관한 실용적이지만 횡설수설하는 탐색이 되어 버린다. 이 두 경우에 말라르메적인 주제의 반복이 함축되어 있다.

언어의 존재·언표·자유간접화법이라는 이 세 가지 개념의 통합은, 플로베르가 조르주 상드에게 쓴 편지 속에서 "사람들은 원하는

---

15) G. 들뢰즈, F. 가타리, 《천 개의 고원》, *op. cit.*, p. 107.
16) M. 푸코, 《말과 사물》, *op. cit.*, p.63.

바를 쓰지 않는다"라는 표현을 통해 《감정 교육》에 관한 그의 작가로서의 작업을 요약하고 있다.[17] 글을 씀으로써 플로베르는 역사의 이름으로 비판할 수 있는 모든 공상적인 주관성이나 인격성을 지우고자 했다. 낭만주의에서 사실주의에로의 문학학파에서 흔들리는 두 가지 다른 접근 방식인 두 가지 글쓰기의 유희, 두 가지 열정에 사로잡힌 플로베르는 때로는 낭만주의자로 때로는 사실주의자로 대비적인 글쓰기의 덫을 이 소설에서는 모조리 피해 갈 것이다. 그는 직접화법이 가능한 한 가장 은밀하게, 그러나 특히 그것을 발설하는 이와는 무관하게 남도록 노력할 것이다. 문맥과 수사기법(아름다운 글쓰기의 추구, 관례적인 조항 등등)을 전제하는 형식과 내용 간의 단순한 대립을 넘어서 플로베르는 작가의 개념을 재정립하기 위해서는 모든 저자의 개념을 말소하는 것이 낫다고 평가했다. 작가는 이런 횡단선의 재발견으로 이끌리게 될 글쓰기 과정이 불가피한 자가 되기 위해, 쓰기 위해 쓰는 것을 스스로 금하는 자가 되어 버린다. 플로베르는 **저자**를 재발견하고 해석에 관한 텍스트의 우열만큼 20세기 누보로망도 잘 예견했던 자이다. 그는 실패나 자동 파괴가 아니라 자신에게는 기본적인 유도선의 기록인 씌어진 것이든 말해진 것이든 가능한 유일한 탈출구로서 재인식하기 위해 형식을 억압했다.

언표도, 담론의 언표 행위의 주체도 없다. 이 모든 요소들은 《감정 교육》 속에 표현되고 있다. 저자 없는 책, 장식적인 수사의 효과 없는 저자이지만 그 결과는 심각하지는 않고 오히려 그 반대이다! 소설의 중심을 이루는 역사, 그것은 플로베르가 역사적인 사건의 연속에 의해 조작되도록 내버려둔다는 것을 의미하지는 않는다. 자신

---

17) J.-P. 사르트르, 《집안의 천치》, t. III, Paris, Gallimard, 1972, p.20.

의 작업에 맞서 그것이 무엇이든 저자의 장치 속에서 받아들여진다. 여기에서는 저자·인물·역사·독자들이 상호-교류한다. 프레데릭이 창조되는가? 그렇지 않다면 그가 역사를 창조하는가? 역사 단독으로 저자를 만드는가? 독자가 자기 소설을 구축하는가? 명석한 독자가 내보일 것을 제외한다면 대답 없는 질문의 연속이다. 그런데 플로베르는 너무도 빠르고 결정적인 대답의 덫을 회피하면서 이런 상승의 기단에서 빠져나오는 데 성공했다. 역사에 대해 말하면서 그는 그것을 배경[18]에다 두고, 사람에 대해 말하면서 특징 없는(대중·목소리·천민·하층민·군중) 무정형적인 무리에다 밀쳐두고, 프레데릭에 대해 말하면서 당사자가 없음을 단언했다. 결국 작가 계열의 이런 어리석음 속에서 바보로 남은 것은 누구인가? 예술가·민중·독자인가? 플로베르는 본질적인 것, 즉 한 작가가 자신의 실패 속에서 도달하고자 했던 성공의 가장 숭고한 형태인 문체를 제외하고 모든 면에서 실패했다. 사르트르의 표현을 인용해 보자면, 플로베르의 **실패에 대한 강박증**은 그가 역사에 부여하는 의미인 인간 실패에 대한 의미를 드러내는 것이다. 이것은 《감정 교육》의 마지막 장의 의미이다. 프레데릭·세네칼(계획된 그만의 여정—독학자에서 사회주의자로, 그리고 황제의 경찰로 이어지는)로부터, 델로리에·당브뢰즈·아르누·이해 당사자들로부터 남은 것은 무엇인가? 금전만이 이 아름다운 사랑의 이야기 속에서 성공했다. 사랑의 대화가 금전의 대화와 운율을 맞추는 비-희극이지만 또 다른 것, 이루어지지 않은 희망, 생기 있는 필연, 익살스러운 행동을 기대했는가? 그

---

18) 《감정 교육》에서 역사적인 인물들은 무엇보다 앞서 개입하지는 않는다. 그들은 그저 르드뤼-롤랭·라마르틴 등등의 간접적인 방식으로 언급될 뿐이다.

것이 하나의 부정이 아니라면 존재론에서 무엇을 기대하는가? 하나의 배열이 아니라면 언표에서 무엇을 기대하는가? 물병기사의 과장된 효과가 아니라면 수사법에서 무엇을 기대하는가? 아마도 '문체의 목적'만이 이런 유폐로부터 우리를 벗어나게 해줄 것이다.

4. 대화의 사회언어학

이런 대화 세계에서는 의사소통의 실천에서 연출되는 다양한 상호 작용에 관심을 갖는 사회언어학자들과 언표의 존재론적 본성에 몰두하는 철학자들 간에 **대화의 기술**에 관하여 말하도록 했을 때, 어떤 관계의 유형을 주고받을 수 있는가?

보편적으로 사회언어학자는 추상적인 관념으로 언어의 사회적 차원을 왜곡하는 방식 때문에 언어철학을 비난한다. 너무 과도한 개념들과 잘못된 사용! 반대로 사회언어학자들로서는 언어가 우리에게 드러내 주고 전사해 주는 현실이 생산 차원의 사회적인 여건들과 분리될 수는 없다. **실용적 의미** 속에서 피에르 부르디외가 이미 세운 분석인 피에르 앙크레베의 보고서를 인용해 보면, 철학자들은 페르디낭 드 소쉬르를 이해할 때 너무 경솔하거나 랑그와 파롤[19] 구분에 있어 복잡한 성격에 관해서 잘못 파악했을지도 모른다. 《일반 언어학 강의》는 우리에게 **말하는 대중**을 벗어난 랑그는 아무것도 아니고, 말하는 주체는 철학자에 의해 무시되고 등한시되는 사회언어학

---

19) P. 앙크레베, 《사회언어학 소개》, in 〈라 랑그 프랑세즈〉, mai 1977, n° 34, p.5.

적 접촉인 랑그의 사회 생활과 떼려야 뗄 수 없음을 보여주고 있다. 그래도 소쉬르가 공들인 개념들은 랑그와 파롤을 다시 문제삼고 논하는 것을 거부할 때부터 막다른 길에 내몰린 것이다. 비록 소쉬르가 **말하는 대중**의 개념을 구축했다고 하더라도 그는 이것을 **랑그와 파롤** 사이의 대립 관계 속에서 항상 고려하여 그리고 있다. 라보프가 다음의 문제를 제기한 것 역시 그러한 방식에서이다. "만약 각자가 랑그의 구조에 대하여 인식하고 있다면, 소쉬르의 표현을 빌리자면 랑그가 정말로 '각 두뇌 속에서 잠재적으로 존재하는 문법 체계'라면 자기 자신도 거기 포함된 처음 마주친 판단에 좌우될 수밖에 없을 것이다. 그러나 한편 파롤에 관한 사실들은 개인이 랑그를 사용하는 순간 그 개인들의 행동을 검토함으로써만 관찰될 수 있다는 사실이다. 그런 사실에서부터 소쉬르적인 역설이 있다. 즉 랑그의 사회적 측면은 어떤 개인에게서도 관찰되지만, 개별적인 측면은 사회적 상황에서만 관찰된다."[20]

혹은 라보프가 소쉬르의 그런 대립을 요약했던 것처럼 랑그는 말하는 주체 각자에게 내재된 문법 체계로, 그리고 그것으로 남아 있다. 파롤(소쉬르의 경우 개별적인)이 사회 집단이 행동하고 랑그를 사용하는 방식으로 귀착되는 반면, 언어 집단의 어떤 개인의 증언도 이런 문법에 대한 조절법을 설명하고 이해하는 것으로 족하다. 그게 아니라면 소쉬르의 전통적인 그 대립 관계에서 더 이상 나아가지 않고 집단적 층위(랑그)와 개별적 층위(파롤)라는 언어 활동의 두 가지 새로운 접근 방식으로 분리해야만 된다. 라보프의 경우는 반대로 파롤에 대한 연구가 랑그의 작동법을 더 잘 파악할 수 있게 해준다. 그리

---

20) W. 라보프, 《사회언어학》, Paris, Éd. de Minuit, 1976, pp.260-261.

고 그는 한 언어가 주언어이건, 표준언어이건, 혼합언어이건 자기 체계의 이질성, 내재하는 제 변이에서부터 연구 가능하다고 덧붙이기조차 했다. 순수하게 형식적인 모든 접근과 불변 구조에 관한 언어학적 접근을 거부함으로써(촘스키와 라보프 간의 논쟁[21]) 라보프의 경우에는 변주의 개념과 불변의 것을 대립시키는 것이 아니라 실제로 당연히 두 용법이 랑그 내부에서는 가능하다고 인정하는 것이다. 두 용법 중 하나는 랑그/파롤, 공시태/통시태, 언어 능력/언어 수행과 같은 동질성으로 규정된 대립항들을 가리키는 항구적으로 사용된 랑그에서 도출해 내는 데 있다. 다른 하나는 언표 행위의 구성 성분에 대한 습관적인 사용을 초월해 표준 언어에서부터 새로운 언표들을 생산해 내는 그 나라 특유 언어로의 변화를 초래하는 대화 상대자의 특성에 맞도록 화용적으로 사용됨으로써 랑그의 균형을 잃게 만드는 데 있다.

역사적 · 형식주의적 · 구조주의적 언어학들은 개인으로든 아니든 존재하는 주체는 별로 중요하지 않은 말하는 주체의 사회적인 행동을 잊어버리지 말아야 할 것이다. 라보프는 사실상 다음과 같은 문제를 제기하고 있다. 소쉬르의 정의를 인용해 보자면 언어 능력(제 문법성의 인식)이 언어 수행(언어 능력에서 문법성의 직관으로의 환원)을 제외하고 고려할 수 있는가? 이런 원칙의 대립에서는 사회언어학자에게 있어 발화된 언어라는 것이 말하고 사람들이 사용하는 것임을, 그러므로 그것은 단어가 아닌 사회적인 페르소나라는 점을 덧

---

21) 이 논쟁은 라보프의 다음과 같은 표현 속에 요약된다: 촘스키에게 있어 언어학은 순수하게 언어 수행에 관한 연구이고, 그는 소쉬르적인 역설에 대한 중대성을 명백하게 인정했다. 즉 적절한 연구 대상은 각자가 동일한 방식으로 말하고 순간적으로 언어를 배우는 추상적인 동질의 공동체이다.(라보프, *op.cit.*) 촘스키의 해답은 촘스키-로나, 《대화》, Paris, Flammarion, 1976, pp.72-74를 보라.

붙여야만 한다. 소통 관계는 무엇보다 **이해된 존재가 바로 믿는 존재**가 되어 버리는 힘의 관계를 통해 남아 있음을 명시하는 것이 적합하다. 이런 시각에서 부르디외는 언어는 소통을 위해서 만들어지지도, 사회적인 세계가 상징적인 교환 체계로 환원되기 위해서도 아닌 말하는 주체[22]의 사회적인 행동을 증명하기 위한 방식이라고 분석하고 있다. 결과적으로 사회언어학자에게는 **가용성**이 없는 **문법성**이란 존재하지 않는다. 가용성에서만 결정하는 언어 수행은 사람들이 말하는 데 있어 뛰어나다거나 초라하다고 환기시키고, 그렇다고 해서 동일한 순간에 내포된 메시지가 통합·복제되었기 때문은 아니라고 지적한다. **상징적인 힘이 없는 의사소통의 관계** 역시 존재하지 않는다. 거기 결부된 상징적인 세계 없이는 의사소통은 아무것도 아니다. 같은 이유로 의미는 담론의 힘 없이는 존재하지 않는다. 말을 하는 것, 그것은 사회적 상황이지 담론이 아니다.

　이와 같은 언어학적 환경과 소통적인 화용론에서부터 철학자는 보편적·관념적·간접적인 접근만을 받아들일 것이다. 개념의 중립성과 객관성이 결여된 이상주의자로 일컫지 않도록 하는 이상적인 분리이다. 언어 자료가 폭발될 때까지 제 현전을 외침에도 불구하고 철학자의 자폐와 아둔한 태도라니! 언어도 담론도 아닌 말하는 주체를 말하게 한다면 언어철학이 생산해 내는 것은 무엇인가? 어쨌든 관념에 대한 거부는 관념에 의해서만 가능하다. 너무 과한 관념의 문제로 철학자를 비난할 때 사회언어학자는 바로 관념적인 태도야말로 그것이 잘 실행되었을 때——《천 개의 고원》에서 들뢰즈와 가

---

22) P. 부르디외, 《언어 교환의 경제학》, in 〈라 랑그 프랑세즈〉, mai 1977, n° 34, p.18.

타리가 세운 언어학에 대한 비평——자기 자신의 유폐의 언표가 아니라 할지라도 어떤 개념도 없는 분열 언어, 정화된 **독백**인 언어의 직접적이고 순수한 상태에 이르기 위한 모든 이론적 근거를 애초부터 없애 버릴 수 있도록 한다는 것을 이해하지 못했다. 게다가 언어철학은 누구인지를 너무 잘 아는 사람들에 속하는 의미의 존재만을 인식하는 데 비해서 사회언어학은 담론에 있어 언표의 주체(라보프)가 근거로 해서 존재하는 원칙을 수용하고 인정했다. 그렇지만 담론이든 주체든 뭐가 그리 중요한가? 사람들은 부정적이거나 혹은 간접적인 이런 존재론인 존재에 대한 방황에 반복적으로 머무르고 있다. 사실상 파롤의 사회적 부산물이 있든 없든, 랑그가 있든 없든, 담론이 있든 없든 이런 태도의 그 결과는 여전히 동일하다. 개인이나 개념을 더 이상 알지 못하는 순간 그것이 어디 있는지, 누가 그것을 만들어 내는지도 모르는 순간이 보편적인 파멸의 신호인 것이다. 입벌림의 보편적이고 총칭적인 균열 형태, 부재중인 주체의 미완성된 혹은 미숙한 현전, 소통의 효력이 상쇄할 수 없는 대화의 **금지**에 이르게 하는 그런 부류이다. 이런 특색에서 언표의 명료함(철학)도 소통 능력(사회언어학)도 생각하는 주체의 충족될 수 없는 공허를 결코 채울 수는 없을 것이다. **무언**(자기 자신의 언어 내부에서 만들어진 언어 없는 2개어 병용[23]의 특수 형태인 태동 상태의 사고 형태)의 언어를 제외한 소통 과정은 익명성을 띨 뿐이다. 말을 할 때 무의식적인 만큼 의식적으로 그것에 대해 연구를 할 때도 **시뮬라크르**는 도처에 존재한다. 그렇다고 해서 그것이 on의 언어학적인 범주를 인식하는 개념의 힘이나 무게를 재확인하는 것인가? 그런 것은

---

23) 들뢰즈가 정립한 이 개념은 **문체의 목적**에 유도선 역할을 하게 될 것이다.

마그리트의 《대화의 기술》에 대한 해석을 따라가기 위해 필요한 개념적인 한계가 된다.

5. 마그리트의 《대화의 기술》

그의 그림 앞에 선 관자의 첫인상은 생기 없고 극도로 거대한 완전 고립이다. 그 속에서는 개인도 대화도 침울한 이런 고뇌의 무게를 감당하는 기이한 인상이다. 마그리트의 그림 전체는 우리들을 대화나 개인이 향해 가는 그런 병적인 상태를 예지할 수 있게 한다. 우리는 그런 미학적 흐름으로 그림을 네 부분으로 나눌 수 있게 된다. 우선 짓누르는 분위기와 분할되어 방문객이 동반되지만 벽 앞에 그는 홀로 있다. 둘째는 문제의 벽이 여러 철자를 드러내 보이지만 밝혀지는 것은 희박한 언표이다. 마그리트가 우리에게 말하려고 하는 바가 언표의 희박성에서 기인하는 대화이리라. 셋째는 언표가 소통의 효력에 자리를 내준다. 칸트의 관점을 인용해 보자면 인간성의 장소가 교환의 유용성을 위해 소멸했다. 마지막으로 의사소통의 다양한 도식에 기인한 고독의 감정이 인간에게 엄습한다. 마그리트 작품의 방문객들은 무엇을 보는가? 언표들, 명제들, 대화의 장소들, 의사소통의 매체들인가? 이런 **대화의 기술**은 무엇보다 **언표란 무엇인가**라는 물음에 대한 해답이 되는가? 이것이 동일한 언표의 **일의성**인가, 아니면 여전히 첫 언표의 **단절**인가? 바로 이것들이 그려진 현실의 조각에 대한 접근을 제한하는 세 가지 가능성들이다.

본래 시원 자체를 생각할 수 있다면 매우 불규칙한 것을 넘어서 언뜻 보면 기괴하게 얽혀 있는 돌블록이 있다. 그렇지만 위로 쌓아

올린 이런 돌블록은 결국 계속 규정하게 될 **언표**를 표출하는 일방적인 장소인 독특하고 특이한 블록을 죄는 것으로 끝이 난다. 이런 황량한 장소에서는 부패·악화·운동의 징후인 시간성을 결코 두려워하지 않는 무기물만이 잠재 관객들에게 보여주기 위해 부상한다. 그것의 형상화는 지엽적이고 주언표를 강조할 뿐이다. 예상했던 질문은 여기에 소개된 언표의 본성에 근거하게 된다. 그것은 하나의 의미, 여러 의미들, 혹은 그것의 의미인 의미의 본성 그 자체를 내포하고 있는가? 그것이 미학적인 효과를 제외한, 그렇다고 해서 의미 효과를 추구하지는 않고 합쳐진 Rêve, Trêve, Crêve…… 등의 단어들이나 (L) (I) (T) (C) 철자들의 단순하고 순수한 첨가를 나타내는 측면 공간과 관계 있는가? 아니면 이런 혼란 속에서 일종의 모든 문제 제기에 결정적인 실마리가 되는 언표, 의미적 공간, 유일한 의미를 제한하는 의지가 작가를 위해 존재하는가? **대화의 기술**은 빈번한 공공 장소이거나, 아니면 단순히 무익하거나 쉴 새 없이 수다를 표현하는 장소인가? **측면 공간**에서는 가능한 해답은 없지만 이집트 피라미드 앞에 선 이런 지식의 고고학의 그것과 유사한 질문인 상징적인 벽과 대면한 두 인물의 당연한 문제 제기를 찾아볼 수 있다. 사막 안에 세워진 불가사의하고 신성한 장소인 피라미드는 자신의 미숙한 모습을 사람이 많이 살지 않는 세상에 드러내 보여준다. 만약 실제로 피라미드의 상징이 암묵적으로 많은 것을 내포하고 있다 하더라도 드러난 것은 별로 없다. 스핑크스의 수수께끼조차도 비밀의 순서가 아닌 내용의 미숙함의 기호일 것이다. 우리가 그 수수께끼에 무지한 것만큼 이집트인들도 그렇다. 순수하고 단순한 해결로서가 아닌 관점이나 개연성의 변화로서 수수께끼에 대해 가능한 해답을 이해하는 것과 관련이 있다. 그 크기로 수수께끼가 가진 모든 해결에 대한 거부를 내포하고 있다. 그런데 《즐거운 지식》의 서문에서 니체가 언급한 이 젊은 이집트인들은 "정당한 이유로 숨겨졌던 모든 것을 밝혀 반드시 드러내기"[24] 바라며 신에 대한 평온을 끊임없이 괴롭혔다. 신의 강림을 위해 준비되고 건립된 거대한 이 사원에 어울리는, 그렇지만 인간의 실재가 도래하는 것을 볼 때 실망하지 않는 신을 역사는 기대했었다! 태산명동에 서일필! 고작 이것이 유례없는 언표만을 낳는 마그리트의 벽인가? 기다렸던 신의 눈부신 찬란함이 그것인가? 그 대신 인간에 대한 인간의 착복, 억압, 조치, 그리스의 냉혹함을 역사는 알아본다. 소크라테스가 불가사의[25]를 불신한 것처럼 그리스인들도 정제된 형태 속에서 불확신을 제한하고 독특한 내용에 적합한 확신만을, 즉 감각성이 없는 형태, 조도 없는 가시성, 표현 불가능한 가능성, 증식이 없는 공제를 선호했다. 그러나 마그리트가 방문객들에게 드러내 보여주고자 하는 의도만을 가진 이 돌벽처럼 이런 상징이 무엇을 의미하는 의도만을 갖는가?

우리가 하나의 해답에 쏟는 열의에도 불구하고 역사는 우리에게 오이디푸스(고전)가 이집트인(상징)에게 주었던 스핑크스의 수수께끼에 대한 유일한 해답은 인간이었고, 인간뿐이라는 것을 알게 해주었다. 동일한 그 해답과 다른 것을 기대할 것인가? 지나간 또는 미래의 지식에 대한 이 두 고고학자의 회의적인 태도나 마그리트가 그린 것은 서명, 무언의 비문, 모든 주해를 거부하는 의미로 가득한 상형문자로 씌어진 카르투슈와 마주한 19세기 이집트 학자들과 동일한 의아한 응시를 나타내는 것 같다. 의미를 부여하고 해답을 제공

---

24) F. 니체, 《즐거운 지식》, Paris, Gallimard, 1975, pp.14-15.
25) F. 니체, 《사후편》, t. 1, Paris, Gallimard, 1977, p.251.

하는 의지, 해명하고 명확히 하며 분명하게 하려는 의지는 그리스 조각술의 거의 완벽한 외관인 초-규칙적이고 정제된 형태로 단순화되기 위해 상징의 진수를 이루는 것을 회피함으로써 엄청남, 과잉, 기형, 상징 예술의 **거대함** 자체를 말살하지 않는가? 피라미드 뒤에 감춰진 해답이나 마그리트의 돌블록 뒤에 은폐된 의미만 있는 것인가? 그 돌은 로제트의 돌인가? 마그리트의 이 그림에 마주 선 관객은 지금부터 강압적으로 대답해야 할 의무를 느끼는 넘치는 돌인 의미들, 기호들 앞에서 한 인간의 인간이 가진 실재를 찾지 않을 수 없다. 첫번째 **비상식적**인 측면 공간에서 두번째 **의미적 공간**으로의 변화가 (L)(I)(T)(C)로 따로 떼어놓은 철자들의 망과 또 다른 집단적 철자들의 망, **Rêve**와 그 변이형들——(Trêve)(Crêve)——로 얽혀 있을 때 마그리트 작품의 그림과 같은 식으로 표현이 되었다. 사실상 서로 뒤엉킨 두 망은 우선 서로 보완적이다. 그러나 아주 오래전부터 상징은 더 이상 해답을 기대하지 않는다. 어쨌든 해답을 찾게 되면 그 해답은 치명적(신성모독에 대한 이집트 사제의 저주)일 것이다. 답은 상징(스핑크스를 파멸로 이르게 만드는 오이디푸스)을 극단적인 폭력으로 말살시킬 것이다. 제목이 비록 그림과 모순되는 것은 아니지만 달리[26) 그것을 확신하는 것이 사실이더라도 마그리트가 대화에 대하여 규정할 의사소통이나 관계의 시작, 밑그림을 시도하는 것이 아니라면 이 벽 앞에서 무엇을 해야 하는가? 그렇다면 어떤 **대화의 기술**에 관련되는가?

이 돌벽에 관한 세 가지 의사소통의 특색을 알아볼 수 있을 것 같다. 첫째, **언표란 무엇인가?** 이것은 상징적인 돌블록과 마주한 두 인

---

26) R. 마그리트, 《전집》, Paris, Flammarion, 1979, p.640.

물의 단순한 현학적인 대화를 증명하는 것이다. 둘째, **언표의 유일성**. 이것은 광물(돌)과 식물(인간) 사이의 다른 두 세계간의 대화의 성격을 묻는 것, 즉 자기 전이의 기술 표현으로서 일종의 **대화의 기술**을 재정의하는 언표의 일의성이다. 벽은 하나의 거울이다. 이야기함으로써 주체는 서로 말하고, 서로 말함으로써 주체는 말을 듣고, 말을 들음으로써 그는 익명의 **중얼거림**을 하지 않기 위해 익명의 벽의 표현 앞에 선다. 셋째, **분열된 언표**. 가장 강렬한 이 마지막의 것은 균열된 벽과 각 돌블록 사이의 긴장선을 표현하고, 각각의 철자가 또 다른 철자에 덧붙여져 단어를 만들어 내는 순간 확연히 드러나는 철자의 언표이다. 벽이 관객이나 독자를 산 채로 유배하고 노심초사하게 할 우려가 있는 구체적인 순간에 무엇을 하는가? 개인이 단어를 읽고 문장을 말하고 자신의 유아기라 **불리는 곳**인 이런 근원선을 되찾기 위해 자신의 일상 언어가 균열이 생기는 역설적인 순간이다. 그 시기 동안 자신의 언어는 외재적이지도 현학적이지도 공통된 것도 아니었고, 그저 단순히 내재적이고 은밀하고 특이할 뿐이었다. 개별적이고 개인적이며 고립된, 그리고 고유하고 거의 유일한 언어라 불리는 곳이고 매우 희박한 순간에는 머무르고[27] 있는 것을 그것에 의해 세울 수 있는 **분열-언어**이다. 그리고 근원에로의 회귀 방식인 마그리트의 언표이거나 그 속에서는 결코 존재하기를 멈춘 적이 없는, 즉 **의미** 속에서 담론의 근원을 찾는 방식인 본질적인 파롤이다. 마그리트는 이 물음에 대하여 잘 생각해 보고자 하는 이라면 누구든 **제 언어** 속으로 들어가는 어려움을 나타내는 개인에게, 그 건축물이 붕괴되기 이전의 이런 궁극적인 관점에서의 태고 순간을 우리에게 재현해 준다. 그가 (Rêve) 'T)rêve' '(C)rêve' 라고 할 때, 그런 마술적인 언표로 주체는 '소리 없는 말'[28]의 순간인 큰 침묵의 순간을 예감할 수 있도록 벽을 무너뜨린다. 그러나 이 **대화의 기술**로 넘어가기 전에 다음의 상호 보완적인 세 공간을 통해서 서서히 빠져 들어가는 게 좋을 것 같다.

6. 제1공간: 언표란 무엇인가?

처음에는 아직 하나의 철자가 아닌 각 블록은 사막과도 같은 이런 장소에서 아주 잘 고정되어 있고 단단하게 보인다. 그렇지만 이런 표면적인 겉모습 뒤에는 조직에 대한 의지를 드러낸다. 의혹을 가진 관찰자는 당분간 이런 조립에 어떤 의미를 부여할지 주목한다.

---

27) M. 하이데거, 《횔덜린 이해》, Paris, Gallimard, 1973, p.51. 시적 담론은 가능한 현실이 존재하는 대존재의 심층 영역과 관련이 있다. 그런데 하이데거는 단순한 실재의 척도로서의 시작을 거부하고 있다. 만약 그 척도가 형이상학적이라면 시작(詩作)은 그 반대로 주된 가능성이기 때문이다. 시적 담론은 언어 활동에 의해 정립된 모든 규범 이외의 일종의 근본적인 경험을 겪게 될 것이다. 지속적으로 머무르고 있는 것은 시인이 세우고 비-존재자의 제 위치에서 대존재를 확고히 하는 것이다. 시는 더 이상 작품의 소재로서가 아니라 오히려 시가 언어를 비로소 가능케 한다. 더 이상 문제는 순간에 지속을 부여하는 것이 아니라 오히려 시는 선사 민족의 원초 언어를 되찾는 것이다. 만약 랑그가 작품의 재료가 된다면 **의미**는 형이상학적인 망각 속으로 전락해 버리고 말 것이다. 시적인 척도, **의미**의 드러남은 만족(라틴어로 satis-facere), 즉 단어의 제한된 사용, 무미건조하고 형식적인 배열이나 효과의 거부를 나타낸다. 그래서 하이데거는 분석의 범주에서 시학의 기재를 기피하는 것인데, 게다가 이것은 **시학**이 주체로 하여금 존재나 언표에 직면하게 한다. 확신이 없을 때 시적 행위만이 비로소 존재하는 것과 마찬가지로 머무는 순간에서부터 세워질 필요가 있는 것은 의미·언표·시학뿐이다. 하이데거가 원칙적으로 재검토하고 작업에서 고려하는 유일한 요구는 바로 명확하게 **거주**의 원칙을 세울 담론의 부적격성이다. 이런 상황 속에서 하나의 언어인 자신의 언어 속으로, 하나의 의미인 자신의 의미, 하나의 언표인 **보편적인 언표**로 들어가는 것이 얼마나 어려운가!

28) F. 니체, 《차라투스트라는 이렇게 말했다》, Paris, Gallimard, 1971, p.167.

만약 실제로 돌블록이 있다 하더라도 그렇다고 철자나 의미, 달리 말하면 단어·개념, 그리고 명제들·문장들, 끝으로 언표들이 존재하고 있다는 것인가? 첫인상은 '돌의 침묵'[29]에 오히려 가깝다. 퇴적물은 아무런 말도 하지 않지만 특별히 아무것도 드러내 보이는 것도 없다. 판독 불가능한 벽이며 조명 없는 벽처럼 보인다. 관객이 마그리트의 이 그림을 맨 처음 볼 때 이런 첫인상을 실제로 받는다. 그리고 나서 관객의 숙련된 시선이 변함에 따라서 뒤틀린 덩어리에서 의미 있는 굴곡이 생겨난다. 바로 이를 통해 시선(눈)은 철자들, 그 다음에는 하나의 단어, 그리고 이어서 아마도 하나의 언표가 될 글자들을 볼 수 있게 될 것이다. 그 시선이 전체로 하나의 의미를 부여하는 것인지, 혹은 현 의미가 아주 영원히 거기에 있는지는 아직은 모른다고 할지라도 돌벽은 혼란스러운 퇴적물을 이루어 당분간 읽을 수 있게 한다.

 이 거대 조직에 대한 두 인물에서 추정되는 관심, 그들의 의문은 틀림없이 어떤 순간의 존재 이유를 해석하려는 것일 터이다. (L)(T)(C)(I)(R)(E)(V)(E) 철자들의 항이 왼쪽에서 오른쪽으로 향하는 방향에 따라 불투명에서 투명으로, 무형에서 하나의 의미로, 미완성에서 언표로의 변화를 보여주고 있다. 철자도 있지만 단어 역시 거기 존재하고 있다. 이런 일련의 철자들은 게다가 푸코의 **AZERTY** 항을 연상시킨다. 이렇게 따로 분리된 항이 하나의 언표는 아니다. 그것은 일관성도 없고 방향성도 없이 프랑스 타자기[30]에 적용되는 알파벳 배열상의 언표라는 단순한 사실로서만 하나의 언표이다. 때

---

29) M. 푸코, 《이것은 파이프가 아니다》, Montpellier, Fata Morgana, 1973, p.49.
30) M. 푸코, 《지식의 고고학》, Paris, Gallimard, 1969, p.114.

로는 의미가 있거나 때로는 의미가 없는 이런 철자항들의 수많은 결합이 하나의 의미 공간인 **단어**를 규정하는 돌들의 이런 일정한 병치처럼 서로 얽혀 언표들을 재생해 낸다. 우연하게 그려진 이런 철자들이 화가와 관객의 정신을 연상시킨다. 언표의 절박한 현존, 계속되는 지체의 절박성은 결코 보상되지 않는 무한으로 밀고 나가는 항상 현존하는 지체이고, 그 정의가 결코 쉽지만은 않은 언표의 가능성을 재생한다. **언표란 무엇인가?** 단어·문장·명제들인가? 그런 것보다 그렇지 못한 것으로 더 빈번하게 언표를 정의한다고 하더라도 미셸 푸코의 표현을 인용해 보자면 언표는 "일련의 흔적들과는 다른 것이 될 수 있도록 해주는 양식"[31]처럼 나타난다고 할 수도 있을 것이다.

흔적이나 언표인 마그리트의 이 돌벽에 새겨진 것은 무엇인가? 하나의 글자·기호·단어·표지인가? 역설적으로 언표는 제 속에 은폐된 가시적인 기호를 갖고 있다. 마그리트가 제의한 분명하면서도 막연한 우연의 그 언표는 시간만이 제한할 수 있는 구조를 가리킨다. 푸코의 언표처럼 그의 기술은 담론의 내용——언표의 연쇄(Rêve)——이 의미의 단순한 수평적인 분절로 귀결되는 것이 아니며, 반대로 관객에게 반드시 정렬된 것이 아닌, 반드시 문법적인 것도 아닌, 그렇다고 논리적이지도 않은 이런 일련의 기호들의 존재 가능성——라이프니츠의 **공가능성**——을 제안하고 있다. 기호의 존재가 꼭 언표 행위를 내포하는 것은 아니라는 사실을 알기 때문에 이런 기호들의 출현 양식들은 일종의 상황적인 유희로서나 가능하고, 자율적인 정위로서 세상에 나타난다. 모든 우연성을 제외한 분

---

31) M, 푸코, *op. cit.*, p.140.

절된 철자들의 다양한 공존의 층위만을 여기에서 고려하자. 마그리트가 제안한 언표의 **통과성**만이 우세하다. 돌의 무기력과는 거리 있는, 돌의 광물성을 잊어버리는 언표는 정말로 바라보려고 하는 이에게는 너무나 오랫동안 잊혀진 특이성이나 꼭 도달하지 않는 여정을 제공한다. 이 그림에 모인 언표의 의미는 폭넓게는 시적이기도 한 단어의 단순 의미를 초월한다. 자기의 언표 행위 자체는 쉽게 자기 파괴를 용인한다. 언표를 말하자면 주체는 단어 그 너머로 가고, 단어를 넘어섬으로써 자신의 고유한 내면의 심층 의미 속에 다시 잠긴다.

말해진 것이나 씌어진 것뿐만 아니라 마그리트의 언표는 언표와 마주한 자신의 기쁨과 같이 암묵적인 발화 내용(non-dit)의 비가시성을 가능하게 만든다. 미래의 지체된 의미 내용은 드러난 의미가 있는 만큼 은폐된 의미 작용도 제공한다. 씌어진 것이든 채택된 것이든 단어의 성벽 자체에 생생한 긴장선을 파고들면서 관객은 수평적인 동시에 수직적인 일종의 바라봄에 의해서 거의 의문시되는 경계의 돌굴곡을 주파할 여유밖에는 없다. 역량 있는 이런 사상가들의 언표처럼 마그리트의 언표는 언어 구조의 **건축술**에 따른다. 그리고 구조물이 세워짐에 따라 언표가 완성된다. 그것의 출현 순간과 설립이 동시에 휠덜린의 거주를 연상시키지 않고서는 존재하지 않는 하나의 거주를 구축했다. 자신의 것인 그 영역에 앞서 그 시인(휠덜린)이 했던 것처럼 마그리트는 자기 자신의 재료 속에 뿌리를 둔 각각의 돌블록은 미래의 블록을 앞서 건축하고, 각 언표는 미래의 언표를 예견하며, 각 의미는 사물의 의미를 재생하고 있다. 계속 반복되는 언표는 더 풍성한 것은 아니지만 다르게 새로운 양상을, 새로운 변모를 첨가함으로써 자기 증식 속에서 늘어간다. 단어 서로간의 이런 애착 관계는 생각하는 주체뿐만 아니라 말해진 것도 거의 등한시하고 있다. 단어와 사물 간의 영원한 크라틸로스의 논쟁[32]을 다시 한번 더 인용할 것도 없이 하나의 시니피에에서 다른 것으로 계속되는 소급은 제한되고 명확한, 윤곽이 잡힌 의미를 부여하기 위해 말할 뿐이라는 사실을 인정해야만 한다. 이런 말에서 의미에로의 이행은 자신의 언표를 말하는 데서 생각하는 주체의 무능, 상대적으로 전투력을 나타내는 더 이상 끝나지 않는 무의미한 말의 인간들의 모든 갈등을 표현하고 있다. 화자로서 개인이 인식할 수 있는 유일한 것은 바로 미래의 단어에 의해서만 이해할 수 있는 도착 언어인 하나의 단어에서 다른 것으로의 거의 무한에 가까운 이런 이행의 폭력뿐이다. 이 **단어**나 결코 오지 않는 이 《미래의 책》에 대한 계속적인 탐색을 하는 각 존재는 상이한 동일자의 회귀를 자신의 경험으로 증명한다. 새로운 방향을 늘리면서 언표는 그 기회에 결코 떠나본 적이 없는 원형을 되찾기 위해 희박해진다. 이런 희박성이 생각하는 주체를 말해진 존재로 유도하는지, 그리고 **부정적 존재론**의 순환 속으로 가둬 버리는지를 아는 것만 남았다.

전통적 철학, 즉 **존재**는 **존재**이다의 자명한 이치에 직면한 사고는 비록 실재에 대한 부차적인 표현일지라도 모든 상황에서 언어로 나열된 실재를 드러내기 위한 유일한 방법으로 남아 있는 언어 활동을 명시함으로써 부정적으로가 아니라면 적어도 간접적으로도 존재론에 체계적으로 부응했다. 단어를 통해, 혹은 좀더 폭넓게는 언어 범주로 실재를 명시하는 해답인 담론이 실제로는 하나가 아닌 이

---

32) 《크라틸로스》에서 플라톤은 단어와 사물 간의 일치 문제를 제기하고, 단어로 사물을 지시하는 것은 약정에 의한 것임을 인지했다.

런 완벽한 해결책에 끊임없이 직면하게 된다. 말한다는 능력 없이 의미하는 것, 할 수 있다는 능력 없이 의미하는 것 또는 주체가 말을 하거나 행한다면, 그것은 항상 익명의 벽에 맞서 서서히 약화되는 나의 강요에 따른 상호 작용, 익명으로 남기를 열망하는 것으로 끝나 버리는 나의 상황, 기표와 기의의 상호 작용에 의해 규정되고 결정되는 하나의 해결에 관련될 것이다. 이성이 필연적이고 그럴듯한 반면 현실은 반대로 표명하기 불가능한 것 같다. 하나의 기의에서 다른 기의에로의 끊임없는 소급이라는 돌이킬 수 없는 방식을 똑같이 내세움으로써 모든 한계를 벗어나는 기표의 모호성만큼 기의도 구체적이고 규정된 단어이다. 이런 관점에서 여러 가지 의문이 제기된다. 언표 작용이 없는 언표가 존재하는가? 언표 작용이나 언표의 주체를 한정하는 가능성이 존재하는가? 언표 작용은 항상 상호 작용을 내포하는 언어 행위인가? **나는 말한다**(Je parle)식의 표현에서 주관적인 참여가 언표 행위의 주체가 될 언표의 주체를 현실화하는가? 만약 언표가 발화되면 그것이 기의인가? 만약 언표 행위가 진술이라면 그럼에도 불구하고 그것이 기표인가? 라캉의 공식, 즉 **하나의 진술은 진술 없이는 안 되는가**를 어떻게 해석해야 하는가? 기의에 대한 기표의 중층 결정이라는 라캉적인 단순한 인식이 전부를 설명하는 것은 아니고, 아마도 언어 효과만이 만들어 내는 즉각적인 대답에 의한 것만 제외하고는 이런 문제들 전체에 부응하지 않는다는 것은 사실이다. 문제는 사실상 해결될 수 없을 것 같다. 사실 하나가 다른 하나에 속하는 단어의 실재 배치로서 단어의 가능성이라는 **가능**과 **실재**의 대립 속에서만 전사될 수 있을 뿐이다.

7. 제2공간: 유일한 언표

존재론이라 불리는 곳, 이 유일한 언표는 떠받쳐진 **거주**의 기초 위
에서보다 말하는 주체의 빈, 공허한 표현인 특이성이 없는 공간이
나 특징 없는 장소의 끊임없는 발견에 좀더 많이 좌우된다. 미셸
푸코가 주목했던 것처럼 언표는 희박[33]하지만 이런 희박성이 단지
의미 · 공간 · 공기 또는 단어의 희박성을 만들어 내는가? 임의로 만
든 황량한 마그리트 그림의 배경이 그렇다고 이런 '돌의 침묵'을 증
명해 주는가?

언표의 잔상 효과와 영구성의 주제는 마그리트가 자신의 미학적
인 추구에서 빠짐없이 거론하는 것이다. 1948년의 《거대망상증》처
럼 《대화의 기술》은 여자의 몸이나 돌블록의 삽입 주변에서 서성인
다. 《픽션들》에서 보르헤스의 단편 소설들이 축적되고 모이고, 서로
서로 재조직되듯이 마그리트의 구도도 부분적인 전체성, 불변하는
변이들의 총체, 증식하는 다양체를 표현하고 있다. 보르헤스의 글
쓰기의 미로 같은 성격이 기이하게도 방황이나 돌벽 앞에 선 마그
리트의 관객들이 가지는 문제를 연상시킨다. 그 복잡성이 과잉을 나
타내는 것은 아니기 때문에 이 두 가지의 경우에 모두 의문스러운
해석이다. "틀뢴은 미로일 것이다. 그러나 인간에 의해 만들어지고
인간 스스로 풀게끔 되어 있는 미로인 것이다"[34]라고 보르헤스는 자
신의 텍스트에 대하여 말하였다. 각 작품은 어떤 것도 그랬던 적이

---

33) M. 푸코, *ibid.*, p.157.
34) J.-L. 보르헤스, 《픽션들》, Paris, Gallimard, 〈폴리오〉, 1987, p.30.

없는 것처럼 새로운 해석이 가능하다. 처음에는 뛰어넘을 수 없는 이런 벽 앞에 선 두 방문객이 말을 나누지만 단지 그들 사이에서만 가능하다. 그때부터 새겨진 벽은 하나의 신호를 보낸다. 모든 사람들은 동일한 사람이다. 보르헤스의 항구적인 언표 행위와 마찬가지로 각각의 새로운 텍스트는 각 저자가 유사하듯이 동일한 것이다. 차이에서 이런 동일함의 반복은 천재적인 축약으로 문학 주제의 순환성을 불러일으킨다. 호메로스의 《오디세이》, 조이스의 《율리시스》, 세르반테스 이전 메나르의 《돈키호테》, 전도된 시간성, 되찾은 순환성, 근원찾기는 이제부터 모네의 《수련》에 관한 페기의 논평 방식의 의미 그 이상은 아니다. "처음은 마지막을 반복한다." 이런 순환성은 특이한 기하학 모형으로 배열된다. 즉 오른쪽으로 뻗은 선은 동시에 하나의 원이 될 것이다. 선으로부터 기하학은 출발점과 도착점인 동시에 원의 두 점을 나누는 무한대를 공제해 버릴 것이다. 보르헤스는 수학적인 역설에서 엘레아의 제논이 한 이런 기하학적 은유를 인용하고 있는데, 그것은 수학에서 모든 시간성의 배제에, 시간의 순환을 따르는 자연의 과학(학문)인 물리와 모든 시간 상황을 제외한 추상의 과학(학문)인 수학 사이의 아주 분명한 분리에 근거를 두고 있다. 아킬레우스는 그도 거북도 움직이지 않음으로써 거북을 만날 수 없으니 어쩔 수 없이 파르메니데스적인 보수주의가!

마그리트가 벽과 인간 사이에서 설치한 대화야말로 미래에서 유일한 언표가 드러나도록 만든다. 비록 돌, 철자들, 여자의 몸이 이중으로 나누어지더라도 작품 혹은 그림은 영원히 독자나 관객들에게 자신의 얼굴 또는 영혼을 인식할 수 있는 거울로서 남는다. 《거대망상증》에서의 육체는 《바벨의 도서관》에서 한 권의 책이 모든 책을, 한 페이지가 전 페이지를, 하나의 선이 모든 선을, 하나의 단어가 모든 단어를, 하나의 철자가 모든 철자[35]를 담고 있듯이 모든 몸을 갖고 있다. 이 모든 것은 신(DIEU)이라는 네 글자에 이르기 위해서이다. 파르메니데스적인 질문과의 흥미로운 재회! 앞으로도 나중에도 문화의 반복은 어쩔 수 없다. 마그리트의 그림에서는 무한한 거리로 두 철자를 나누듯이 보르헤스의 미궁의 글쓰기는 자신의 각도로 **결합술**을 연출한다. 역사적인 이야기, 결정적인 내용은 없지만 마그리트의 경우 미로처럼 해독해야 할 언표나 책의 가능성, 그 자체는 있다. 지그재그로, 곡선으로, 직선으로 화가는 언표 작용의 수많은 가능성인 가시적인 선들을 그리고 있다. 중심도 없고, 원주도 없다. 신의 전지전능처럼 각각의 책도 원주이자 원구이다. 배열이나 주름의 장소인 벽은 방문객에게 철자들의 삽입으로 재빨리 이루어지지 않은 희망을 부여한다. 처음 다가갈 때 방문객은 드러나는 개화, 풍성함을 인정하고 인식하고 주목하지만 이런 덩어리·철자들·단어들 속으로 몰입할수록 더욱 비어 있고 깊은 공간의 고뇌를 느끼게 된다. 이런 그려진 과잉으로부터 의미라는 단 하나의 형태만 생긴다. 인간은 의미로부터 부수적인 것을 기대했고, 결국 거의 유일하고 희박한 언표만을 찾았다.

이제부터 문제는 누가 이런 희박한 언표를 가졌는지, 누가 그것을 만들어 내는지, 주체가 말을 할 때 누가 말하는지, 그가 발화할 때 누가 의미를 가지는지를 아는 것이다. 미셸 푸코는 발언권을 가지고 있을 때 단어·문장·명제[36]의 소리나는 단순한 발산에 외부의 막으로 뒤덮이고 사로잡힌 존재, 즉 모든 개인에게 공통된 인상을

---

35) J.-L. 보르헤스, *op. cit.*, p.72.
36) M. 푸코, 《담론의 질서》, Paris, Gallimard, 1975, p.7.

묘사할 때 언어와 기호에 대한 이런 기이함과 희박성을 자신의 《담론의 질서》 속에서 언급하고 있다. 외부로 소리내어 조화롭게 발산함으로써 작가는 머무르지 않는 것보다는 오히려 이런 작품에 머무는 감정을 종종 느낀다. 의미의 장소에서 지탱하기 위한 '은폐된 존재,'[37] 그것이 모든 언술자의 정당한 바람이 될 수 있을 것이다. 작가는 더 이상 담론의 배열을 가능하게 만드는 이로서가 아닌 자기 자신의 언표를 스스로 만들어 내면서 멀리서, 그리고 외부에서 담화를 맞춰 나가는 자로서 나타난다. 그럼에도 불구하고 다음의 두 가지를 전제로 한다. 우선 의미의 장소가 존재하고, 이 돌벽 뒤에 무엇이 감춰져 있는지를 생각할 수 있다. 비어 있음, 혹은 변이들인가? 둘째, 생각이란 파괴적이고 불모의 익명 표현이 아닌 오히려 만남 장소의 배치이다. 자기 차례로 희박해진 언표를 제한하는 희박해진 공간, 즉 그렇다고 해서 마그리트 그림의 공간이 사고의 공백을 나타내는 것은 아니다. 언표가 희박한 것은 사실이지만 그렇다고 비본질적이고 무책임한 나(Je)의 산물로서는 아니다. 여기에서 마그리트는 희박한 언표가 역시 희박한 사상가에 의해 만들어진다고 소개하고 있지는 않지만 모두에게 공통되고 모두가 그것의 성질을 지닌, 익명의 중얼거림 속에서 주체의 불투명성을 표현하는 언표인, 그럼에도 불구하고 하늘의 푸름이 새어들게 한 두터운 벽을 표현하고 있다.

---

37) M. 푸코, *op. cit.*, p.28.

8. 제3공간: 단절된 언표와 반향언어

마그리트가 제시한 언표는 비어 있는 형태의 언표인데다 가장 최악의 경우에는 장애의 신호가 된다. "언표는 하나의 수단, 하나의 장애가 될 정도로 아무것도 아닌가?"[38] 이런 장애에 대해 뛰어넘기 힘든 벽처럼 우뚝 솟은 언표를 무엇이라고 할까? 그것은 예고된 힘들고 점진적인 등반을 촉구하는 것은 아닐망정 적어도 성공적인 전진을 바란다. 그런데 언표에 대한 의문은 항상 유보 상태로 남아 있다. 만약 두 관찰자 중에 한 사람이 언표의 의미에 관하여 자문해 보거나 이 의미를 찾아내기 위해 벽을 기어오르려고 한다면, 벽을 이루고 있는 덩어리 뒤로 하늘의 단순한 푸름만을 인정하게 되어 놀라지 않을까?

바타유를 어리둥절하게 만든 뛰어넘을 수 없는 영역인 알려지지 않은 이 유명 지대는, 등반이란 용어로 적절한 장소를 찾아서 우리를 도달하게 하는 단어에 해당한다. 언표는 아무것도 아니고, 언표가 있다 하더라도 희박하다. 그 효과가 만들어 내는 언어의 희박성이란 의미를 캐는 수사학자처럼 벽을 기어오르는 등반가의 호흡 곤란의 결과이다. 한발 한발씩, 한 단어씩, 언표들은 각기 제 방식으로 피곤의 소박하고 단순한 표현인 이런 호흡 곤란의 형태를 표현한다. 자신의 것이 아닌 실체의 제 담론을 가진 한 문장에서 다음 문장을, 한 문장에서 다른 문장 속으로 삽입하는 수사학자처럼 노력을 위한 노력(혹은 rhétoricien의 경우는 효과를 위한 효과)을 지향하는

---

38) G. 바타유, 《내적 경험》, Paris, Gallimard, coll. 〈텔〉, 1979, p.25.

등반가는 한 정상에서 또는 한 곳에서 다른 장소로 넘어가 더 이상 끝나지 않을 때까지 다시 내려오기 위해 위로 오른다. 등반가-시인은 에드거 앨런 포의 텍스트를 등반하면서 이 미국 시인의 유일한 미학적 수단으로 희박성을 이용한 데 대해 신경이 거슬린 보들레르의 행동을 어느 정도 요약하고 있다. 포의 글을 읽을 때 세세한 점을 단호하게 생략한 그의 **대수 방식**[39]에서 보들레르가 느꼈을 질식을 그래서 이해한다. 이런 호흡의 소실과 희박해진 공기는 보들레르를 심오한 고뇌에 빠트렸다. 금관악기가 빠진 바그너의 오페라를 상상하기 힘든 것처럼 상징의 마스크나 풍성함이 빠진 보들레르의 시를 상상하기 어렵다. 그런데도 또 다른 유형의 호흡 곤란이 존재한다. 너무 빨리 등반하거나 빨리 달릴 때의 호흡 곤란, 막 깨어나는 상태의 파롤을 이루는 호흡 곤란, 또는 머뭇거리는 이의 호흡 곤란. 그런데 숨이 목에까지 찬 보들레르가 호흡을 잃어버린 차라투스트라는 아니다. 보들레르적인 질식은 거의 허약에서 만들어지고, 차라투스트라의 경우는 너무 과도한 격정에서 오는 질식인 것이다. "나는 숨이 거의 멎을 정도야"[40]라고 차라투스트라는 산을 오르면서 말했던 것이다. 자신의 시적 표현, 규정하려고 너무나 원했던 그의 의지를 믿지 않은 보들레르는 숨이 막혀 사망하였다. 바그너에 관한 그의 발견은 다음의 방식에서 나온 것이다. 즉 "모두가 알레고리가 된다."[41] 건물이나 산, 벽 위에 서 있는 순간과 맞먹는 자신의 낙담은 우울한 현실을 자각하고 푹 쓰러져 가며 다음의 말을 했다. "저런! 모두가… 말도!"[42] 니체의 초인과도 같은 시인은 순수 형식주의로

---

39) C. 보들레르, 《낭만주의 예술》, Paris, Garnier-Flammarion, 1968, p.143.
40) F. 니체, 《차라투스트라는 이렇게 말했다》, Paris, Gallimard, 1971, p.145.
41) C. 보들레르, 《악의 꽃》, Paris, Robert Laffont, 〈백조〉, 1986, p.63.

인해 자기 두께를 지지하고 증명하는, 그리고 단순함을 억누르고 속박하는 과도한 복잡함과 지나친 과중함으로 사망했다. 반대로 마그리트에 의해 계획된 호흡 곤란은 아주 다른 방식과 또 완전히 다른 여정을 촉구한다. 사실상 근원지로서의 독창성의 숭고한 형상인 **파토스**의 거부, 무미건조함의 재인, 주관성에 대한 침묵은 정상에 도달하고 산을 오르는 데 성공하게 될 자를 위한 발견의 본성을 예측하게 해준다.

다른 영역이지만 동일한 관점에서의 쇤베르크는 자신의 음악적인 지성으로, 예를 들면 《네 개의 사중주》라는 자신의 음악적인 변주 속에서 감정의 형태나 감성의 모든 행위를 집요하게 거부하는 오로지 정신적으로 무미건조한 세계를 재해석했던 것이다. 자신의 소리 재료들의 무미건조함과 비정함은 모든 주관적 형태에 대한 **무관심**의 표지인 일종의 **무언의 부분**과 동시에 순환적인(12음악 기법) 음악 문법의 재현, **미-차**이란 표현을 연상시킨다. 이런 층위에서는 음악 표현의 강제적인 규약은 더 이상 존재의 의미가 없다. 다양한 언표에서 유일무이한 언표로 단절된 언표를 발견하는 것뿐이다. 달리하면 **대화의 기술**의 발견이나 건물의 붕괴에 이르는 것으로 간주된 감각의 지대인 긴장선이 나타나게 되는 언표이다. 말해진 것이 거의 없다면 그것은 바로 주체가 자기 담론의 언표 작용의 주인이 되려고 하는 희박한 순간들이고, 한 단어에서 다른 단어로의 이행 속에서 자기 주관성의 침묵처럼 역설적으로 드러내는 그림자 지대를 낳는 저 유명한 침묵의 순간들인 것이다. 만들어진 이런 유의 나르시시즘이 표현되는 이른바 말하는 주체의 영혼의 상태는 결코 오지

---

42) C. 보들레르, *op. cit.*, 〈구멍〉, p.128.

않는 이미지를 탐색하는 나르시시즘, **나르키소스 없는 나르시시즘**인 담론의 언술 주체자의 부재를 드러내는 것으로 끝이 난다. 자신의 세계에 틀어박히는[43] 순환이 아닌 자신의 출발점에서 서로 분리되면서 되돌아오게 될 바깥쪽을 향해 도는 나선형이다. 독특하고 일률적인 모델에 따라 만들어지고, 어느 정도 거울 속에서는 자신을 근육 덩어리로밖에는 볼 수 없도록 몰두하는 보디빌더처럼 수사학자는 인위적——자기 자신의 담론에서 주체가 단어를 만들어 내게 하거나, 자기를 기만하게 만들거나, 자기를 **가질** 수 있도록 하는 아주 빈번한 기술로서의 수사적 과잉——으로 만들어진 단어를 공식화한다. 이런 과잉은 언뜻 보면 잘 정렬된 마그리트 벽의 돌블록 배열을 흐트러뜨리지만, 말하는 주체를 숨막히게 하는 것으로 끝낼 정도로 장황해진다. 일종의 더듬거리는 혼동 속에서 언표가 길을 잃을 만큼 켜켜이 삽입된 아주 현저한 단어들의 유입, 그것은 더더구나 희박한 언표들을 너무 과하게 사용한 나머지 언표들이 소실되거나, 너무 말을 많이 해서 생긴 말의 소실이거나, 잇달아 표현된 정신적인 상태이기 때문이다. 방문객은 혼자 벽과 마주하고 있고 단절된 언표 앞에 있다. 언표의 창조를 위해 막 싹튼 상태의 파롤을 구축하는 가능성이 아니라면 그에게 무엇이 남아 있겠는가? 그에게 남은 유일한 가능성을 파악하지 못한다면 그는 이미 생각했고, 이미 현존했던 언표들의 광적인 나선 속에 처하게 될 것이다.

  문체의 목적에 의해 저자가 일상 언어 속에서 성공적으로 탈국지

---

43) 나르키소스는 죽기 위해서 자신의 이미지와 하나가 되는 순간 자신의 출발점으로 되돌아온다. 물에 뛰어든 후에야 새로운 희생물을 기다리고 파악하기 위해 평온을 되찾고, 다시 냉정해지기 때문에 나르키소스는 재통합의 장소인 물에 뛰어든다.

화되는 순간에서야 대화가 비로소 가능해지는 것 같다. 말하자면 자신의 근원적인 말더듬을 찾아가는 것이 적절하다. 그럼에도 불구하고 이런 저자나 독자의 말더듬은 그 수가 다양함으로써 어떤 해명을 요한다. 그것은 언어 활동이 단순한 문에 대한 작업이 아니라는 점에서 그 근원이 역학적(표현의 기능 장애)인 것도, 원인이 정의적(주체가 너무 격한 감정에서 말을 더듬거리는)인 것도 아니지만 말더듬기는 산부(産婦)의 힘이 언표의 단절 부분을 유도하고 언표를 발견하고 글쓰기를 제 목표에 이르게 하는 창조적인 말더듬이다. 앙토냉 아르토는 자신의 지적인 변비에서부터, 정형화된 배열에서부터, 이런 서툴게 발음된 언어가 가장 터무니없는 효과를 내는 지그재그식의 파문을 일으키는 출구인 문학이 튀어나오도록 하는 데 성공했다. 좀더 많은 문법, 좀더 많은 단어, 좀더 많은 의미, 좀더 많은 언어, 그렇지만 전제된(수사적 효과[44]) 논리가 아니라 일종의 선호(문체의 양식)의 논리인 **비문법적** 문법으로서 잘 생각한 단어들의 배열은 문학적인 창작품을 만들 줄 아는 자의 입에서 터지는, 즉 저자가 어느 정도는 전-개인적인 이런 모습으로 공통어나 공통 장소를 불안정하게 만드는 표현을 선택할 줄 안다는 것을 보여준다. 그것이 어떤 효과를 가지고 올지 알려고 하지 않는 단어들은 아르토가 전력을 다해 폭발시키려고 애쓰는 폭탄이다. 군사적·시적 작전의 유형 속에서는 아무런 효과도 예상하지 않는다. 단조로움이 아닌 모두 자동 성형되거나 자동 파괴되는 단어를 기대하는데, 지칭하는 단어에서 무엇을 기대하랴. "말루시 투미/하타라 하타라 하타라/아타

---

44) H. 멜빌, 《바틀비》, Paris, Garnier-Flammarion, 1989, 질 들뢰즈의 후기, p.179.

라 타라라 하나/오타라 오타라 카타라/오타라 하타라 카나……."[45]
이런 아르토의 표현들은 저자가 잘못 불어서 청자나 독자의 얼굴에
침을 튀며 말하는 단어들인 것이다. 단어는 인생과 같고, 물질적인
효력만이 가치가 있다. 그때부터 표현할 단어들의 가지적 의미에
대하여 성찰하거나 이해하려고 애쓰는 것은 더 이상 적절하지 않지
만, 아주 풍부한 시인의 어루중적인 말더듬의 모순을 인정해서 물
러나는 것은 받아들여야 한다. 그 난폭성으로 단어들이 사고에 생명
을 불어넣어 주고, 제 자신의 언어를 만들 수 있게 한다. 자신의 문
체를 찾아 머뭇거리면서 주체는 자신의 언어를 구축하고 말하는 대
중에서 빠져나오게 된다. 자기 사고의 첫 근원인 살아 있는 언어의
영도(零度)를 되찾기 위해 단어들의 이런 공통의 상태에서 나오려
고 탈국지화한다. 우리들에게 이런 물리적인 상태를 일상으로 느끼
는 때가 있다. 이를 위해서는 친숙한 단어를 여러 번 반복하는 것으
로 충분하다. 그래서 이 단어가 우리들에게 생소하고 멀게 생각되
는 순간에 그토록 유명한 출발지에 이르게 되고, 우리가 일상성으로
복귀하자마자 우리의 기억에서 생겨나는 일종의 잊혀진 단어가 되
어 버린다. 아르토의 호흡 곤란은 분열증의 횡설수설하는 여러 반
향 언어의 징후들을 연상시킨다. 이렇게 강한 언어 표지들은 미쳐
버리거나 죽음으로 몰고 간다. 십중팔구 일관성이 없어 보이는 나
열된 이런 말의 항들처럼 아르토의 《로데즈의 노트》, 마그리트의 글
자들은 모두 동일한 상황 속에 있다. 독자의 작업이나 관객의 시선
만이 저자나 화가에 의해 배치된 재료와 더불어 무엇이건 상관없이

---

45) A. 아르토, 《전집》, 〈로데즈에서 보내는 편지들〉, t IX, Paris, Gallimard,
1971, p.188.

만들어 낸다. 특히 그들은 문체나 창작의 실용학을 기대한다. 불행히도 그 결과는 종종 다르지만!

마그리트의 단순한 그림이나 아르토의 무의미한 세계 속에서 어떤 여지가 대화에 남아 있는가? 아마도 다음의 대안이 있을 수 있다. 문체의 목적이나 의사소통 수단의 자동 승속 장치에 의해 너무 희박한 언표와 더불어 살기 어려움을 보상해 줄 가능성, 그리고 소통하는 주체의 고독으로 종종 유도하는 보상과 분열증의 최종 형태인 자폐의 방식인 자신의 세계 속으로 파고드는 순수하고 단순함으로 해석되는 보상. **대화의 기술**에서 무엇을 기대할 수 있는가? 이 **대화의 기술**에 대한 방황이 사회적인 결단의 무게로부터 주체를 자유롭게 하거나 구체적인 주체 없는 나르시시즘의 형태 속에 가둬 버리는가? 대화 속에서 주체의 위치나 언표의 위치는 분명하게 정해지지 않았다. 대화의 일상적인 실행 속에서 주체는 무엇을 가리키는가? 한 이미지의 이미지, 무한에 가까운 이미지, 혹은 문체가 구성하는 실천인가? 율리시스 · 나르키소스 그리고 에코는, 그 출구는 여전히 제한되어 있는 이번 여정의 세번째 단계로의 또 다른 양상을 제안한다.

III

율리시스 · 나르키소스 · 에코,
그리고 폐쇄회로적 대화

주체가 말을 한다고 할 때 무엇을 말하고, 누가 말하는가? **나**(Je), **그**(Il), **누군가**(On) 아니면 동시에 셋 모두인가? 어쩌면 동일 인물일지도! 그럼에도 불구하고 어떤 소리, 메시지, 때때로 언표가 있을 것이다. 말을 하는 사람은 제 어원의 극, 즉 가면을 통해 나오는 소리인 단순한 **페르소나**(personare)와 주체가 어떻든간에 **의미**와는 아무런 상관이 없이 사회적인 성장(연극의 가면과 같은)만으로 변조하고 변형시키는 소리를 잘 알고 재표출하는가? 사정은 언표, 언표 행위, 담화의 언술 주체의 경우도 마찬가지이다. 언표의 희박성과 소멸인가? 문제는 의사소통의 체계들이 언표들의 결핍을 상쇄해 줄 것인지를 아는 것과 어떤 모습으로 의사소통의 새로운 망이 제시될 것인지를 아는 것이다. 율리시스 · 페넬로페 · 나르키소스 · 에코인가?

1. 말하는 주체의 기술적 환경

대화에 있어 개인이 굳이 감수하며 이용해야 하는 기술적인 의사소통 수단의 필요성과, 대화에 있어 기술적인 환경의 중요성들은 어떤 것들이 있는가? 앞서 환기시킨 존재(부정적 존재론)에 대하여 말한다는 것이 불가능하다는 관점에서 나는 기술적인 문제는 두 가지 다른 접근, 즉 하이데거와 가타리 사이의 대립을 잘 요약한 성격의 두 가지 관점을 촉구한다고 말할 수 있을 것이다. 하이데거가 "중요한 것은 수단으로서 기술을 올바른 방식으로 다루는 것이다"[1]라고 썼을 때 그는 모호한 시기의 정치적 비방과는 아마 별도로 적용된, 그러나 역사로부터 항상 우리 정신에 현전하며 드러난 이런 새로운 성격의 배치에 관해서는 결코 분명히 하지 않았다. 하이데거적인 **원천으로 되돌아간다**는 것은 시적 어원에 관한 하이데거의 **훌륭한 작업**, 난해한 작업의 미학적인 표현으로 사실상 이해된다. 그 점에서 그것은 **소산적-자연**에 관계 있다. 반대로 가타리의 관점은 능산적-자연이나 **욕망하는 기계**에 대한 정신분석학적 접근인 욕망하는 자연에 대한 생생한 표현으로 제시된다. 하이데거적인 세계에서 미학에 의한 도덕화가 대-존재에 대한 문제에 대해 시적 탐구 형태를 종종 취하는 표현인 죽은, 그리고 불모의 자연을 고찰하도록 유도하는 것이다. 반대로 가타리는 뷔히너가 묘사한 것과 같은 《보이체크》의 **사회적-피지배**의 극을 연상시키는 살아 있는 자연을 모색한다.

뷔히너는 《보이체크》에서 반영웅의 주인공이 다른 이들이 갖지 못

---

1) M. 하이데거, 《시론 및 강연집》, Paris, Gallimard, 1958, p.11.

한 자연과의 특이한 접촉을 경험할 수 있는 유일한 인물이기 때문에
어떻게 그가 공동체의 다른 모든 구성원들을 능가하는지 보여준다.
보이체크에게 있어 이런 최상의 감수성이야말로 허약함 · 백치 · 합
일을 다시 짜맞춘다. 사람들이 그에게 모든 것(공동체의 중노동자)을
요구할 수도 있지만, 또한 그 앞에서는 거북해하지 않아도 된다. 자
연에 대한 뷔히너의 시선이 가타리의 경우에는 **욕망하는 자연**에 대
한 분석을 가리킨다. 보이체크는 피지배−영웅의 인물이 아니라 그
는 단지 말로는 표현할 수 없는 증식원인 현실과의 특이한 이해를
가능케 하는 장소인 모든 것이 기호 · 이미지 · 상징인 자연과 대화
하는 자일 뿐이다. "내 뒤에 걸어오는 무언가가 있다. (…) 얼마나 끔
찍한 침묵인지! 숨을 죽이고 싶을 것이다."[2] 보이체크는 현상황에
맞는 것이 아니더라도 대−자연의 언어인 모든 언어로 말을 한다. 더
더구나 사회적인 언어를 사용하는 것과 관련될 때 가장 현실적 존재
인 그 앞에서는 자연이 제 비밀을 드러내는 보이체크는 더 이상 아
무것도 아니므로 자신의 침묵을 잔인하게 느끼는 만국어를 할 수 있
는 인간이다. 그는 자신에게 이해시켜야 할 세상의 모든 악을 경험
한다. 설령 경청의 순간이라도! 모든 것을 경험하고 너무나 많은 것
을 느낀 그는 별안간 마리를 죽임으로써 끝낸다. 자연과의 이런 기
이한 접촉은 여전히 메마름과 차가움의 표출인 하이데거의 접촉과
는 더 이상 큰 관련이 없다. 하이데거로 말하자면 "드러내기가 폭로
된다"[3]라고 하더라도 그것은 인간 척도의 기술보다는 좀더 조직된,
그러나 동시에 혼란스럽고 규율이 없는 얽힘이 나타나도록 하기 위

---

2) G. 뷔히너, 《보이체크》, Paris, 〈아르세〉, 1953, p.144.
3) M. 하이데거, *op. cit.*, p.22.

해서이다. **프로메테우스**의 신화는 자기 실패의 싹을 자기 속에 가지고 있는 것 같다. 그래서 너무나 제어하고 발전시키며 진행시키고 싶은 현대의 인간은, 베이컨의 표현인 "인간은 자연에 복종함으로써 군림할 뿐이다"는 사실을 잊어버리는 것으로 끝나 버린다. 안토니오니의 영화 《기술적으로 부드럽게》[4]처럼 마르그리트 뒤라스의 작품 《히로시마 내 사랑》은 그가 서양인인지 동양인인지 아직까지 기억[5]하고 있는지 자기가 누구인지를 더 이상 알지 못하는 20세기 인간의 대화 상태를 동일한 방식으로 표현해 내고 있다. 달리 말하면 히로시마에서 일어났으리라고, 또는 일어났다고 여겼던 발생한 사건에 편승하는 이런 의식에 대한 갈등의 성격은 무엇인가? 이런 **불신의 시대**에 갇힌 우리는 75구경에 매료된 페르낭 레제의 기계론적 미학과는 거리가 있다. 반대로 **기계화 시대**는 숨김없이 대─자연을 **샅샅이 조사하는** 제 의지를 드러낸다. 그렇다고 해서 자연에 이성을 부여하는 것이 아니라 자연을 모든 수단으로 종속시키는 것이다. 이런 사실을 뒤러가 자신의 판화 《멜랑콜리》에서 표현하려고 할 때 그는 허상에도 불구하고 기술 사건을 제어하려는 자신의 시도에서 실패하고, 대자연의 교훈을 전혀 명심하지 않은 억눌린 인간의 천재성을 나타내려 한 것이다. **인식 천사**의 수수께끼 같은 상태의 몸짓이 여기에서는 문제를 파악하려는 것뿐만 아니라 분명하고 결정적인 해답을 가져다 줄 수도, 문제를 해결할 수도 없음을 느끼는 의식의 광신적이고 환상적인 집중력을 연상시킨다. 사건들의 계속되는 변화는 종종 극복할 수 없는 불안을 표현한다. 너무나 빨리

---

4) M. 안토니오니, 《기술적으로 부드럽게》, Paris, Éd. Albatros, 1997.
5) 이런 상황에서는 사실 지워지지 않는 대역사가 공포로 각인되는 비이성적이며 극단적인 비정상적인 최악의 경우를 초래할 수 있는 사고의 방향이다.

지쳐 버린 쓸쓸하고 고독한 인간의 정신은 기술과 멀어진다. 그렇다면 대화의 **탐색**에서는 현대 기술을 조절하는 것과 동일한 과정이 없는 것인가? 기술적인 발전이 증대될수록, 영원히 복잡한 과정 속으로 들어가는 언어가 많을수록, 그리고 이런 복잡함이 확대될수록 더 돌이킬 수 없게 되고, 결국 그것을 제어한다고 간주되는 언어 전문가의 손을 벗어나는 것으로 끝나 버린다. 동시에 **텔레비전 · 전화 · 전신 · 텔레마티크**의 새로운 기술 형태로 전달된 의미는 계속해서 우리의 손을 벗어난다. 발전하는 것을 못 느끼는 것처럼 소통하는 것을 모르고, 더더욱 대화한다는 사실을 모르는 것이다. 그렇다면 소통하는 주체로서 주체의 위치는 어디인가?

비록 텔레커뮤니케이션의 기술 시대가 이런 대화 순간의 방황을 매개하더라도 대화의 위기는 단순한 역사적인 관점으로 귀착되지는 않는다는 것이다. 사실상 20세기말은 어떤 점에서는 텔레커뮤니케이션에 의지하는 것이 신호의 범람이나 과도한 커뮤니케이션의 산물이 아니라 반대로 메시지의 축약과 내용의 빈약한 결과임을 보여준다. 대화의 부유 또한 담론의 언술 주체에 대한 소멸을 인정하기를 거부하는 것에 좌우된다.

2. 전화상의 정신분열증:
텔레커뮤니케이션에서 텔레파시로

커뮤니케이션 기술 세계에서 텔레커뮤니케이션 조작자들은 대화의 표류에 관한 흥미로운 시각을 제안했다. 이런 근본적인 질문이 현실과의 단절이나 분열로 빈곤한 텔레커뮤니케이션 세계에 대한 사회-병리학적 과정에 대한 설명을 시도하는 것과 마찬가지로 커뮤니케이션 방식의 가치(기능·역할·오용·위험)에도 영향을 미치는가? 달리 말하면 우리는 다음의 두 가지 대립되는 담론의 극, 즉 커뮤니케이션의 메시지 내용에 관한 의문을 통한 사회적 현실의 극과 일상의 현실을 점점 더 잘못 이해하는 텔레커뮤니케이션 조작자들의 **집단적 분열증**의 방식인 용기(容器)나 망(réseaux)에 관한 사회·경제적 담론을 통한 경제적인 현실의 극을 알아보는가? 이것은 우리들 사고의 내용을 결정하게 될 그런 힘을 이런 조작자들에게 부여하는 것이라기보다는 오히려 이런 망들의 배치물이 우리의 관계를 어떤 식으로 **조정**하는 것이라고 말하는 것과 관계 있다. 조작자들은 생각해야 할 것을 우리에게 말하지는 않고, 단순히 그들은 행동 방식과 형식을 제한하는 망들의 배치물에 따라 그저 우리들이 소통하도록 고무시킬 뿐이다. 이런 의미로 들뢰즈와 가타리는 망(정부에 의해 통제된 영역)과 리좀(유목민이 거주하는 영역)을 비교하고 있다. 만약 망이 그것을 내포하고 있는 영역의 표지와 코드화의 위험 속에서 어느 정도의 조직화·기술·등급화의 특성을 갖는다면, 리좀은 반대로 장소의 무질서한 확장과 횡단성·타율성을 연상시킨다. 망에 의한 이런 정치적인 영역 분할에서 가장 놀라운 것은 조작자들이 말을 하는지, 그리고 어떤 목소리를 내는지를 더 이상 알지 못하는 텔레커뮤니케이션의 산업화 과정의 유사-분열증적 본성과 관계 있다. 교묘하게 설치된 수많은 전선·파이프·매체·채널 등은, 이런 망들의 인프라 구조 자체에 의해 그 사용이 결정되는데도 사용자가 원하는 대로 그것들을 자유롭게 사용한다고 믿게 하는 데 있다. 어느 정도는 고속도로에 접근할 때 강제성은 없지만 사용자가 이용(운전자는 지방도로를 늘 이용할 수 있다)할 때 편안함을 얻

는다는 식으로 텔레커뮤니케이션망들은 그 궁극성이 행정관들 자신
만큼 개인에게서도 벗어나는 일반적인 배치물을 설치한다.

　정신의학에서는 사실 분열증이란 용어로 일련의 태도들을 분류
하는데, 그것의 주된 효과는 영향력이나 우울증이라는 두 가지 징
후인 착란과 흥분 같은 이차적 징후를 낳는 부조화 기능을 만들어
내는 것이다. 이런 작용의 이상은 원칙적으로 말하는 주체의 해체
나 폭발에 기울인다. 여러 가지 얼굴들·목소리·이야기들·기억들
이 있지만, 더 이상 전체로 모으고 재구축하며 체계화하는 어떤 통
합은 아니다. 예를 들어 무위증(의지 결핍)의 경향을 띠는 분열증적
인 특징은 자신을 위해 단어를 사용하거나 타인의 이야기를 이용할
때 주체가 얼마나 나약한 존재인지를 보여준다. 이런 지체된 분열
적 탈구는 극단적인 경우에는 주체의 신체를 폭발하기에 이른다.
주체는 흩어진 그의 사지를 한 몸으로 모으려는 의지를 갖지 않은,
하나의 독립된 몸에 매인 사지가 아닌 다리 하나, 발 하나, 팔 하나
이다. 이런 정신병적인 환경에서 조작자들은 **디지털 통합 서비스망**
이나 말하는 대중의 사회적 산물도 제어하거나 설명할 수는 없는 계
속되는 다변증, 배출의 방식인 메시지·목소리·글들의 흐름이 계
속 배출되도록 두는 일종의 크게 벌어진 입이 될 것이다. 우리들은
텔레마케팅 커뮤니케이션망을 항상 배가시킬 수 있을 것이나, 이것
이 말하는 주체의 비어 있는 언표의 의미를 결코 상쇄할 수는 없을
것이다. 율리시스의 신화적인 주제를 되풀이함으로써 어떤 텔레커
뮤니케이션 여정을 우리에게 제안하는가? 율리시스·페넬로페·나
르키소스·에코의 여정인가?

　율리시스, 그것은 귀환의 여정, 위험한 편력, 느리고 고된 언어 습
득이다. 소통하더라도 주체는 원격-소통을 한다. 율리시스와 텔레

마코스 관계의 중심 인물인 **페넬로페**는 율리시스에게로 다가가고 멀어지는 식으로 연결과 이탈을 조절하는 목소리이다. **나르키소스**는 통로 없는 목소리이고, 출발 없는 회귀의 반성 순간인 즉각적인 의식 자각이다. 소통하면서 주체는 자신을 쳐다보고 자신을 바라보면서 물에 빠져 버린다. 최종적으로 **에코**는 **나르키소스 없는 나르시시즘**의 표현이다. 그녀는 이것을 통해 거울 앞에서는 더 이상 말하는 주체조차 없음을 납득하는 잔혹하고 재빠른 의식 자각을 표현할 것이다. 그 결과가 근본적으로는 다르지 않다는 것을 알기 때문에 사실상 이 넷 중에서 선택한다는 것은 어려운 문제이다. 텔레커뮤니케이션이 아니라면 정보 통신과 그냥 짧게 télé(원격 또는 텔레비전)의 텔레커뮤니케이션에서 무엇을 기대하는가? 상징계에서 율리시스는 그 갈등이 단지 거리를 두고 간접적으로만 이루어지는 자, 텔레마코스만을 배출하는 것은 사실이다.

목소리·글·이미지·소여들은 용기와 그 내용물을 구분하는 것이 어려운 러시아 인형 **마트료슈카**처럼 서로서로 포개지고 자가 생산되며 재생된다. 각 인형이 커뮤니케이션의 각 매체처럼 각각의 몸이 용기인 동시에 그것의 내용이 될 다음에 올 인형을 함유하고 있다. 그렇다면 누가 이런 언표들과 텔레커뮤니케이션의 벡터들을 만들어 내는가? 너무도 담고 싶은 용기는 제 형태를 잃어버리고, 또 비록 그 얼굴이 인간화되어 있을지라도 뒤에 무엇을 감추고 있는가? 그것은 인생·목소리·존재, 아니면 그냥 단순히 진입로인 텔레커뮤니케이션망의 여정이다. 조작자들은 현실에 대한 자신의 욕망을 갖는 제도나, 인간 혹은 자신의 영원한 부성을 찾아 떠나는 이의 편집적인 착란의 정신의학적인 해석인, 즉 마그리트의 그림처럼 《거대 망상증》을 겪지는 않는다. 편집증적인 오이디푸스의 비극, **누가 내**

아버지이고, 누가 내 어머니이고, 나는 누구인가? 내가 말할 때 누가 말을 하는가? 이 모든 질문에 해답은 없다. 내가 말하고, 누군가 말하고, 누군가 말해진, 이런 가능성들의 총합은 같은 결과, 십중팔구 바타유의 《하늘의 푸름》만 연상시키는 하늘인 하늘의 번득임, 말하는 주체의 사회·경제적인 다양한 현실들의 번득임에 이르는 것 같다. "무겁게 나를 표현하고 싶었다"[6]라고 바타유는 썼지만 감당하기 버거운 현실과 달리 어떻게 할 수 있겠는가? 기술적 합리성이 정치적 권력의 전제주의적이고 극단적 형태들을 홀로 보증하는 것 같다. 콩도르세가 자신의 《인간 정신의 진보에 관한 역사적 개관》에서 주목했던 것처럼 인간의 정신은 과학의 진보에 제동을 거는 여전히 좀더 높은 벽을 만난다. "최근 몇 년의 업적들이 인간 정신의 진보를 위해 많이 만들어졌지만 인류의 완성을 위한 것은 거의 없어 보인다"[7]라고 썼다. 과학에 관한 비평은 견유학파나 소피스트들에 대한 통찰력 있는 태도에서 이미 드러난 섬세한 구분을 할 필요가 있다. **신중함**은 과학적 열광에 대적할 만한 최상의 보루가 아닌가? 디오젠 라에스는 시간 상실과 교육에 대하여 해독하기 어려운 말장난으로 견유학파를 규정한 디오젠 드 시노프의 의도를 자신의 《철학자의 삶과 교리》에서 개괄하고 있다. 학교 교육과 시간 상실의 시기에 대한 혹평.[8]

번쩍이는 하늘, 분열된 현실, 조작자들이 세운 거만한 등식에 맞선 개인이 이제부터 무엇을 할 수 있겠는가? 현실·메시지·주체·

---

6) G. 바타유, 《하늘의 푸름》, Paris, 〈10/18〉, 1970, p.12.

7) 콩도르세, 《인간 정신의 진보에 관한 역사적 개관》, Paris, Garnier-Flamma-rion, 1988, p.260.

8) 디오젠 라에스, 《철학자의 삶과 교리》, Ⅵ, 2, Paris, Garnier-Flammarion, 1965, p.15, trad. R. Genaille.

기억들은 하나의 현실, 하나의 메시지, 하나의 주체, 하나의 기억과 동등하다. 존재들의 수는 많고, 텔레커뮤니케이션망도 그렇지만, 그렇다고 그만큼의 다수의 언표가 존재한다는 것인가? 우리는 앞에서 언표들을 재전사하고 해명하는 것이 어떤 점에서 어려운지를 볼 수 있었다. 이런 난관에 언표를 발화하는 개인과는 무관함을 알기 때문에 의사소통의 수단으로 하나의 목소리나 여러 목소리를 대화하는 주체가 들을 수 있도록 유도할 수 있는 일종의 **사회분열증**인 배출된 담화 분열의 결과들이 첨가되는가? 정신분석적인 정의를 인용하자면 자기 어머니의 일부로서 살아가는 자신의 몸인 분열적 주체는 일상 현실에 대한 일관성과 통일성을 더 이상 통제할 수 없다. 여기에서 몸은 그것에 대한 의지와 인식 없이 인간을 소외시키고 수많은 증식으로 생성되는 다양한 실체들의 분열을 유발하는 사회적 제도의 몸이다. 이것은 기술을 유죄 판결 내려야만 한다는 뜻이 아니라 기술적인 발전으로 조성된 복잡성이 인간을 이상하게 만들어 버린다는 사실을 단순하게 인식한다는 뜻이다. 그들 자신의 내용물인 그들의 용기로 다시 채워진 러시아 인형처럼 텔레커뮤니케이션의 케이블망들은 자동-내포가 된다. 문제는 우선 그 용기가 내용으로 자처할 수 있는지 아는 것이고, 그 다음 이런 현상이 현대 망들의 초-개발과 연관이 있는지를, 혹은 각각의 커뮤니케이션의 수단(구술·글·복사·전신·전화·텔레비전 전송…)에 단순하게 내재된 것인지를 아는 것이다. 이런 상황에서는 커뮤니케이션망들의 관심은 내용의 임시 대체가 아닌 용기 쪽으로 내용물의 이동을 조성할 수 있는 그들의 능력에 근거하고 있다. 이런 사실은 망들의 용기가 메시지의 내용을 결정한다는 말이 아니라 단순하게는 용기의 배치물이 이런저런 내용의 배치를 용이하게 하거나 사적인 공간에서 공공 장소로의 이동을 뜻하는 것이다. 비록 텔레커뮤니케이션 조작자들이 결코 메시지에 의미를 전하는 의지를 가져 본 적이 없다고 하더라도 그들은 전달된 메시지에 간접적으로 영향을 끼칠 때까지 어쨌든 망들을 조성하려고 전력을 다한다. 이것은 오늘날 **이동 통신**에서도 볼 수 있다. 대화는 전보다 더도 덜도 강렬하지 않고 단지 다르게 조성될 뿐이며, 여전히 좀더 가시적이고 좀더 가청적이다. 이제부터 통과자는 공공연히 이런 유명 메시지의 강도를 평가할 기회를 갖게 된다. 사용자들은 테이블 매너를 바꾸고, 원래 은밀한 관계였던 것을 명백한 **표현** 쪽으로 예절 규칙을 발전시키도록 한다. 모든 사람들이 **이동 전화**를 사용하고, 자의든 아니든 이런 사적인 대화에 참여한다. 사적인 공간이 점점 더 커지고, 점점 더 공공연하게 되며, 공공 장소로 향하는 이런 사적인 영역의 흥미진진한 이동이 우리를 어디까지 이끌고 가는가?

텔레커뮤니케이션 공간은 대화의 공백을 무기력하게 하지도, 견고하게 하지도 않는다. 일상 생활의 다양한 경험이 다양한 일상의 현실을 각자의 고유한 가치로 옮겨 놓는다. 사람들은 텔레커뮤니케이션 전송 수단을 통해 전달된 감정적인 대화의 극을 잘 알고 있다. 이 전송 수단들은 근본적으로 다른 것들과 다르지 않고, 단지 기술 매체들에 의해 확대될 뿐이다. 20세기말 텔레비전 영역에서 제시되었던 프로그램은 이런 정신 상태를 보여주기 위한 것이다. 기욤은 《열정의 전염》[9] 속에서 미니텔을 통한 대화는 불확실하고 덧없으며, 순간적인 흥분을 가라앉히는 멀고도 가까운 대화·교환·소통을 연출한다는 사실에 주목했다. 미니텔에 관해 말해진 것은 텔레커뮤니케

---

9) M. 기욤, 《열정의 전염》, Paris, Plon, 1989.

이션 상호 방식 전체에 대한 것일 수 있다. 미니텔을 통한 관계들, 텔레마케팅, 텔레비전 강연, 텔레비전 통신은 모두 일상적 관계의 우연적 성격과 그것의 부수적인 대화의 본성을 설명하는 상황들이다. 원격소통을 하는 주체는 고프먼의 운명의 매개자에서 되풀이된 형태인 한 대화자에서 다른 대화자로 넘어갈 때, 우연 효과와도 같은 동일한 숙달로 한 대화의 주제에서 다른 주제로 그렇게 옮아간다. 일종의 간섭의 구름 속에 잠겨 있는데, 그것의 효과는 매일 텔레비전 속에서 체험하는 것들이다. **리얼리티 쇼**는 한때 우연 관계의 의례에 의해 정해진 일상적인 상황을 보여주었다. 타자는 개연적인 방식이지만 그를 만날 수 있는 경우에, 그리고 그와 더불어 갖는 관계의 강도가 만남의 잠재력에 의해서 정해지고 측정될 경우에만 소통하는 주체와 관련이 있다. 그가 원하기 때문이 아니라 일련의 텔레비전의 운명이 그에게 말을 걸 수 있도록 만들어지기 때문에 상대방과 대화하게 된다. 자신의 대화는 대화가 만들어 내는 운명에 그렇게 상응할 것이다. 텔레비전의 한 채널에서 다른 채널로 옮아가듯이 그는 동일한 일면의 우연 관계를 구축한다. 그것의 상호적인 관계 방식은 결국 관련된 이런 유의 **재핑**으로 결정된다. 간섭의 범람, 감정의 망망대해에서 원격-소통하는 주체는 더 이상 상호적인 존재가 아닌 개별 행동에 빠져 버린다. 우연 관계의 원격(텔레비전)-잔혹성의, 공개적인 고백의, 공공 장소에서 은밀하게 뒤섞인 공공 이미지의 이러한 상황에서, 모든 것이 일관성 없이 뒤섞이는 이런 세상에서 개인은 자신의 인간성의 근거를 상실한다. 그리고 그것이 이런 상황에서 무엇이건 변화시키는 이른바 텔레비전 윤리를 책임지는 제도들은 아니다. 또 다른 문제는 **리얼리티 쇼**에서 연출된 상호 작용들의 특이성에서 기인한다. **리얼리티 쇼** 제작자들의 견해는 **투시**

력이란 개념에 근거를 두는데, 그 개념은 방송에서 뽑힌 행복한 사람들이 '높은 수준의 투시력'[10]에서 채택되었기 때문에 철저하게 선별되었음을 확신하는 방식이다. 그런 투시력으로부터 텔레비전 관객들은 이런 방송들이 무엇을 고려하여 만들어졌는지를 실현하기 위해 자신을 동일시, 즉 상호 작용을 할 것이다. 선택된 사람은 텔레비전 시청자들이 그들과 동일화할 수 있을 정도로 너무 지적이지도, 너무 우민하지도, 너무 잘생기지도, 너무 추하지도 않아야 한다. 원격-참가, 원격-상호 교류, 원격-시민인 **리얼리티 쇼**는 텔레비전 공간[11]을 통해 사람들 사이에 만들어지는 관계라는 이름으로 민주적인 모델을 옹호한다고 주장한다.

화자가 가장 빈번하게, 그리고 가식적인 개인 또는 친절한 기관을 만날 때 말이 무슨 가치가 있는가? 《인간의 목소리》에서 콕토는 애

---

10) **B.** 부티에, 《텔레라마》, nº 2201, 18 mars 1992.

11) 1992년 7월 17일 《리베라시옹》지와 가진 인터뷰에서 방송 제작자인 도미니크 캉티앵은 텔레비전 시청자들이 "점점 더 텔레비전 속의 역할을 갈구한다. 평범한 일상을 스캔한 이런 방송에 미래가 있는가? 그렇지 않을 이유가 없지 않은가?"라고 했다. 텔레비전 속의 사람들에 대한 상호 작용은 사회 생활에서 동일한 배우가 연기하고 요구하는 쇼의 연출로 정의된다. 그들의 쇼를 유효화하기 위해서 **리얼리티 쇼**의 구상자들은 도덕적인 보증의 또 다른 형태로 원격-시민성을 전면에 내세운다. 1990년대초 **TF** 1에서 방영된 'Mea Culpa'에서의 **리얼리티 쇼**는 방송의 목표가 관점을 좁히고 대화를 복원하며, 가능하다면 그들의 사회 집단에서 소외된 것들을 다시 포함시키는 것이었다. 이런 상호적인 **원격-시민**은 사회적인 대화를 재구성하려는 시도로 커뮤니케이션의 부재들을 일시적으로 모면하려고 한다. 그것의 사명은 여러 기관들을 대체하는 것이 아니라 "정의가 인간적인 측면을 중시함으로써 더 이상 아무것도 할 수 없게" 되자마자 단지 그것들을 중계하고 개입하는 것을 암묵적으로 인정했다. 방송이 앞서 한밤중에 혹은 그 자리에서 조정했던 마을의 갈등으로 되돌아가기를 제안하는 프랑스의 일상 생활에 대한 소위 사회학적 관점을 덧붙인다. "우리는 이번 기회에 여러 지역의 독특한 인물들의 악센트, 정신을 되찾게 될 것이다. **Mea Culpa**는 선술집의 뒷방에서나 마을의 광장에서 일어나는 갈등을 카메라 앞에서 되살린다."(**TF** 1 Hebdo Magazine, 특별호, Mea Culpa, mars, 1992)

인과 보지 않고 대화를 나누는 버림받은 여자를 통해서 전화상의 대화극을 그려냈다. 그 여자는 사랑의 증거도, 메시지 이해의 변명도 아닌 전화상에서의 그 남자의 대답을 너무나 잘 알고 있다. 그녀가 기다리는 유일한 대답은 전화가 가져다 줄 수 없는 성적인 말인 **사랑의 말**을 듣게 해주는 것이다. "들린다. 그리고 들리게 할 수 없다……. 그렇게 오랫동안 우리들이 말하게 두지도 않는다. 습관적으로 3분 가량이 지나면 끊는다. 그리고 또다시 잘못된 번호를 누른다."[12] 원격—소통의 도구인 대화의 전달에 답하기 어려운 그런 벽이 뛰어넘을 수 없는 장벽처럼 우뚝 서 있다. 게다가 사용자의 최후 강박관념과 말을 듣는 주체의 전능한 잔혹성은 대화의 거세를 암시하는 형태인 단절에 머문다. 이런 일상적인 상황에서 출발하여 콕토는 1930년부터 특이한 원격소통의 도구인 전화로 가시적이고 현전하는 여자 애인과 현전하지만 보이지 않는 남자 애인 사이에서 이루어지는 침묵과 텍스트를 번갈아드는 대화, 독백의 대화를 구축했다. 인간의 목소리가 어려움과 나약함을 느낄 때 시선이 모든 것을 정렬하고 재배치할 수 있다고 하는데, 전화기는 반대로 다소 긴 커뮤니케이션, 비인간적인 소리, 기계적인 소리를 중단시킨다. 그러나 그 매력들 중의 하나가 또한 결코 일어나지 않을지도 모르는 사적인 대화로부터 세우는 거리에 의해서 배치될 수도 있다. 이런 세계는 현대 테크놀로지에 어울리는 일종의 신—생기론적 태도, 달리 말하면 인간에 삶을 불어넣어 주는 불꽃을 재생한다. 그러나 대화의 구도가 자기 본래의 현실과 무관하게 존재하면서도 매체에 의해 잠재적으로 존재할 수도 있는 말하는 주체에 대해 어떻게 생각하는가? 원격

---

12) J. 콕토, 《인간의 목소리》, Paris, Stock, rééd., 1983, p.33.

소통의 이러한 신-생기론적 형식에서 완전히 개인[13]이 벗어나는 탈프로그램화 과정에 부응하는 자동 조절 작용이 있다. 세 가지 계기들, 세 가지 질문들이 있는데, 주체는 원격소통으로부터 어떤 방식으로 살아가는가? 원격소통의 즉각성은 편재의 능력을 갖고 있는가? 현대 원격소통의 변모는 나르키소스 없는 나르시시즘의 모습을 통해 실현되는가?

종종 원격소통의 규약들은 전화상의 메시지가 준수하는 어떤 관례를 보여주는데, 이는 생각하는 주체가 배제된 다음의 전화상의 표현에서 찾아볼 수 있는 전통적 유형의 관례화이다. 즉 "여보세요, 끊지 말고 잠시만 기다리세요. 누구 바꿔 드릴까요? 들리세요? 끊지 마세요. 잘 안 들립니다. 기다리세요. 끊으세요. 모 번호로 모 시에 연락하시면 됩니다"와 같은 친교적 표현들은 시적 표현들을 도입하는 데 쓰여야 되지만 종종 그것으로 대체된다. 기술적인 문제에 어떤 종교적 해답을 제시하는 또 다른 유형의 원격소통(성스러운

---

13) RNIS로 부르는 디지털 통합 서비스망은 모든 텔레커뮤니케이션 서비스(미니텔 · 팩스 · 복사 · 홈쇼핑 · 텔렉스)를 하나의 커뮤니케이션망으로 통합하는 것으로 정의된다. 프랑스 텔레콤의 **앞서가는 미래** 속에서 획일화된 세계의 망으로 유도될 국제적인 표준화와 관련이 있다. 그러나 프랑스 텔레콤으로서는 가장 획기적인 기술적 기여가 모든 개인에 대해 동일한 전달선에서 목소리 · 텍스트 · 영상 · 정보 기술을 전달한다는 가능성과 이런 여러 매체를 단 하나로 통합한다는 가능성으로 분명히 남아 있다. 그런 통합의 본성은 각각에 의해 보상을 시도하고 용기와 내용의 수많은 난관을 가지고 제한하려고 오랫동안 애쓴 텔레커뮤니케이션의 예전 관리의 분열증적인 사회적 표출을 가능하게 해준다. 커뮤니케이션망의 초-개발은 결국 그렇게 추구했던 메시지 내용의 환상을 언표에 주게 된 것 같다. 그런데 언표의 노출이 다시 어쩔 수 없게 이미-말해진, 이미-체험한, 이미-소통된 측면인 것 같다면 이런 관점에서는 RNIS망의 그런 배치가 언표의 자리를 차지하는 정치적 의지에 부응 못하지 않는가? 사회적 체계로서 개인은 용기의 이런 교착이 시간과 더불어 메시지의 겉모습을 부여하는 것으로, 즉 저의를 가지고 내용의 이런 결핍을 보상하게 될 것이다.

대화 또는 텔레파시로 이루어지는 소통)이 존재한다. 아빌라의 테레사는 자신의 시들 중 한 편인 《사랑스런 나의 나에게》에서 그런 텔레파시에 의한 소통의 성격을 그리고 있다. "완전히 내맡겨진, 주어진 나는/그런 교류를 했네/내 사랑도 내 것이고,/나도 내 사랑 것이네."[14] 성녀 테레사는 사람과 사람 사이의 소통을 하지 않는다. 그녀는 그리스도와 그녀 사이에는 모호함이 없는 영혼에서 영혼으로 초월한다. 그녀를 초월하고, 그리고 지고의 경지를 초월함으로써 그녀는 교류의 의식에 따른다. 절대 숭배는 이런 방식에서 벗어나 오로지 그런 식으로 신에 대한 사랑이 복종으로 경지에 이르는 순간, 공유의 즉각적이고 첫번째 영역에 이르기 위해 소통의 궁지에서 벗어난다. 자신의 유폐가 종종 절대 숭배로 비난받는 어떤 기이한 상황이다. 물리적인 접촉이 아닌 특별한 은총을 구하는 것은 그리스인들에게서 찾아볼 수 있는 고대의 믿음을 연상시킨다. 예를 들어 《향연》에서 플라톤은 영혼의 대화를 물로 가득 차거나 빈 컵과 비교하고 있다. 그것이야말로 소통하는 항아리인 넘치는 지혜에서 덜 찬 쪽으로 전달하는 컵이다. 육체적인 관계가 없는, 호의의, 강렬하고 감정적인 소통은 그런 식으로 작용하는 것 같다. 주체가 자신의 대화 상대자와 가까울수록, 그렇다고 해서 그것이 접촉의 욕망을 자극하는 것이 아니라 자신의 은밀한 곳과 더 가까워진다. 텔레파시가 될 정도로 너무나 직접적이고 순간적인 전화 네트워크의 조작자들이 우리들에게 제시하는 것이 원격소통인가? 아닌 것 같다. 왜냐하면 원격소통하는 전능이 존재한다고 하더라도 그것이 텔레파시적 전능을 만든다고 할 수 없기 때문이다. 그리고 이런 내용을 통해 메시

---

14) 테레사, 《전집》, Paris, Desclée de Brouwer, 1964, p.1075.

지가 보존되는가? 사실상 원격소통의 시대는 오히려 매개 없는 세계를 만드는데, 즉 일상적인 현실이 복잡해질수록 개인은 더욱더 기술의 즉각성(동시에 어디서든 소통할 수 있다는 사실)에 머물지만, 개인이 이런 기술적 영역에 틀어박힐수록 사회적인 체계는 더욱더 일률적으로 되고 노출된다. 역설적이게도 사람들이 소통의 수단이나 복잡함·풍부함을 만들어 낼수록 더욱 형태·의미·언표들은 복잡해지고 부자연스럽게 된다. 소통의 수단이 없다면 우리는 거의 비인간적이고 노출된 사회의 주제를 볼 수 있게 된다. 원격소통의 여러 조작자들은 원래 언표 발송의 근원이 희박하고 결핍된 중재망들의 초-개발 속에 끝내 틀어박힌다. 만약 소통이나 원격소통이 실패한다면, 그것은 언표가 거짓이어서가 아니라 반대로 너무 희박해서이다. 이런 언표 감소를 지킴으로써 사람들은 소통의 단락을 피하는 개인의 특이성을 지킬 수 있는 기회를 더욱더 가지게 될 것이다.

현대의 원격소통으로 제시된 놀라운 여정은 다음과 같다. 즉 테이터(발신자인 동시에 수신자이고 수신자인 동시에 발신자인)의 단순 교환에 대한 낡고 전통적인 가치인 수신자와 발신자 사이의 교환 여정, 즉 율리시스의 여정과 마찬가지로 자기 자신의 수신자인 발신자와의 귀환 없는, 자기 자신을 향한 여정의 반성적 회귀인 더 복잡하고 모호한 나르키소스의 여정. 페넬로페의 교직 상황에 대해, 그리고 돌이킬 수 없기 때문에 더 비극적인 무한한 여정인 에코에 대해 무어라 말할 수 있겠는가?

3. 에코 또는 나르키소스 없는 나르시시즘

대화의 기술에 대한 이런 접근 방식에서는 대부분의 대화 상황이 말하는 자기의 본성을 결코 보장해 주지 않는 말의 메아리, 자기 영상의 에코인 나르키소스가 조성한 것과 같은 반향 언어적 태도를 각자가 제 방식대로 구축하는 것 같다. 그의 말은 상황에 따라 매우 말을 잘 말할 수 있거나 말해질 수 있다. 나르키소스 신화[15]는 주체-대상-주체의 상호 작용하는 상호성으로 이런 애매성을 적절하게 설명하고 있다. 나르키소스-에코의 관계에 의해 초래된 단절이 개인을 불안정한 제 본성 자체로 유도한다. 주체는 자신이 집단을 이루는 존재이기 때문에, 그리고 타자를 통해서 말하는 자기 소통의 필요 때문에 소통한다. 그가 누구인지, 그리고 그가 어떤 존재인지를 자문함으로써 그는 말을 하지만 자기가 그러한지 혹은 그러하지 않은지에 대한 반향 언어적 소급을 자기 말에서 재빨리 찾는다.

그러므로 이런 나르키소스는 누구인가? 스스로가 주체이거나 에코의 분신인가? 자기 담론에 대한 비어 있는 의식의 자각인가? 나르키소스 뒤에 사실상 누가 숨어 있는가? 피그말리온의 경우에도 동일한 질문이 제기된다. 그가 갈라테이아를 만드는가? 혹은 갈라테이아가 피그말리온을 생각하게 만드는가? 나르키소스의 행동에 관한 질의들이 나중에 뒤따른다. 처음에 그가 반사된 영상(이미지)으로서의 자신을 알아보지 못한다고 해서 비난해야만 하는가? 그가 누

---

15) 《사랑의 역사》의 여러 형태에 대한 정신분석학적 분석에 관해서는 J. 크리스 테바, **Paris, Denoël**, 1983 참조.

구인지만을 알거나, 혹은 그가 지금 그러하지 못한 것에 대한 두려움을 갖고 있는가? 사랑받는 존재와의 첫번째, 그리고 완전한 융합을 추구하거나 자기 그림자가 사라지는 것을 보는 데 대한 두려움으로 물에 빠져 버리는가? 이런 융합은 단순한 소멸 또는 축조의 신호인가? 그는 스스로에 의해 죽음을 당하는가, 스스로를 죽이는가? 그의 죽음은 그가 존재하지 않는다는 의식 자각의 결과이고, 그 결과로 세상이 거짓되고 위선적인가? 나르키소스적 표현은 존재의 입벌림, 반사적이고 빈 시선, 눈의 단순한 공백(空白)을 의미하는가? 그는 사랑받기 위해 사랑하고, 타인에게 "나를 보기 위해서 네가 되고 싶다"고 말하는 자는 아니다. 하나의 우리 속에서의 자아, 나와 너의 융합을 무효화하는 비환원적으로 흘깃 보는 자 역시 아니지 않는가? 그의 인물은 오직 그가 재현하는 것만이 아닌가? 반대로 그 형태가 자신의 분신과의 격렬한 싸움의 형태인 일종의 **미메시스** 속에 우리를 단도직입적으로 몰아넣는 자는 아니지 않는가? 그리고 정신병적 특징으로 **한 인간인 나는, 한 인간인 나를 사랑하는 한 인간인 그를 나는 사랑한다**라는 편집증적 착란의 전조가 나르키소스의 행동 속에는 없는가?

다양한 주제들이 말하는 주체 또는 말해진 대상의 편집증적 태도들의 정신분석적 축과 대화 상황의 사회적인 축을 주체의 본성에 대한 철학적인 관점으로서 논의되었다. 그러나 누군가(on) 속에서의 자아, 나와 너의 융합, 대화 없이 동일한 소통의 모든 공동—저자들의 문제가 똑같이 남아 있다. 존재하는 개인으로서의 나이지만 나는 에코가 다음의 공식으로 전하는 자기 자신이 또 다른 내 자신의 숨겨진 다른 형태, 내 반영일 뿐인 이 너를 관념적으로 만날 때만 존재한다. 즉 나까지도 사랑하는 나…… 그리고 나르키소스의 사라짐(그는 물에 뛰어든다)과 동시에 그 자신이 에코 없이는 존재하지 않는, 사랑하는 존재 없이는 더 이상 존재하지 않는 에코의 인식으로 끝이 난다. 나르키소스는 자기의 존재 원칙 속에서 누군가가 자기에게 필요하기 때문에 자체로는 충분하지 못하다. 그 누군가가 비록 그 자신일지라도 그것은 이미 또 다른 타자이고, 게다가 그렇게 찾은 이 비어 있음이 나르키소스와 에코에게는 자신의 말이 돌아옴으로써 자신의 의식이 어떤 실재를 되찾게 한다. 나르키소스는 에코 자신에 의해 전해진 자신의 것인 목소리의 메아리를 찾는다. 이런 비어 있음은 나르키소스가 에코란 인물 속에서 하나의 보충물을 찾아 구성하는 것만큼 에코도 타인들의 말 이외에는 흉내낼 수 없음을 상징한다. 은유적으로 표현한다는 것은 우리들 각자에게 나르키소스적인 태도가 있다는 것을 의미하고, 그 결과는 서로를 바라보거나 원래는 재빨리 바라보이는 존재가 되어 버리는 바라보는 주체의 자기 존재의 거울의 반영에 의해서만 존재하는 데 있다. 존재하기 위해 나르키소스는 자기 자신의 시선으로부터 에코가 필요하다. 에코는 에코와 다른 인물이 아니라 존재하기 위해 타인이 필요한 자이다. 그들은 둘 모두가 오지 않는 타인의 기다림 속에 있다. 그 결과가 동일한 것이 될지라도. 나르키소스는 무기력(나르키소스는 그리스어 마비라는 말 narkès과 잠이라는 narkèsis에서 왔다)을 겪는 자가 아닌가? 게다가 **자신(서로)을 똑바로 쳐다보다**(se regarder le blanc des yeux)란 표현은 나르키소스의 특이한 애정 관계를 나타낸다. 이것은 두 연인의 융합의 특이성을 이미 암시했기 때문에 놀라운 공식이다. 흰은 눈의 푸름, 잿빛, 초록이나 다른 것이 아니다. 또한 눈의 중심도 아닌 그 둘레를 뜻한다. 그렇기 때문에 사랑은 더 이상 핵심적인 것이 아니다. 더더구나 이것은 이 흰이 복제의 인정에 대한 거부, 원래 서로 파괴되기 시작하는 말하는 주체의 단절에 대한 거부임을 나타낸다. 로미오와 줄리엣, 단테와 베아트리체, X와 Y…는 로미오에 대한 줄리엣, 로미오를 통한 줄리엣인가 아니면 로미오에 반한 줄리엣인가? 아니면 그냥 줄리엣 혼자인가? 서로(자신)를 똑바로 쳐다본다는 것은 사랑의 기쁨에 잠길 때 마침내 회복된 존재의 반쪽인 타자와의 완벽한 융화를 인식하는 것일 터이다. 이런 층위에서 흼은 모든 색의 현존 또는 모든 시선의 총합으로서 증명될 것이다. 오, 흼은 오히려 우울한 비어 있음처럼 보이는구나!

　나르키소스의 인물을 정의하는 데 있어 첫번째 난관은 그를 사랑하는 의식의 본성에 관한 의문에서 생긴다. 원래 나르키소스는 건방지고 교만한 미소년으로 오비디우스는 묘사했다. 게다가 그는 에코처럼 자기 사랑의 대상을 소유할 수 없게 저주를 받았다. 나르키소스의 운명적인 미에 대한 희생자들 중의 하나가 다음과 같은 위협을 공포할 것이다. "그도 역시 사랑하게 하소서. 그러나 결코 자신이 사랑하는 대상을 소유할 수 없게 하소서."[16] 이런 저주는 사냥도중 목이 마른 나르키소스가 샘에서 목을 축일 때 실현된다. 또 다른 갈증, 또 다른 사랑! 이런 구체적인 순간에 그는 그가 아직 그것의 장본인인지 만들어 낸 자인지 여전히 모르는 하나의 이미지에 사로잡힌다. 이미 나르키소스의 이런 시각적 모호함의 극이 무대에 오른다. 그는 무엇을 보는가? 그는 누군가를 보고 또 다른 청각적 모호함, 즉 에코의 모호함으로 대체된 모호함 자체와 사랑에 빠진다. 그는 무엇을 듣는가? 그는 그를 사랑하는 누군가의 소리를 듣는다. 나

---

16) 오비디우스, 《변신》, livre III, v. 405, Paris, Belles Lettres, 1969, p.82, trad. G. Lafaye.

르키소스는 그를 알아보지 못한 채 나르키소스를 보고, 에코는 말하는 이가 그녀가 아님을 알면서도 자기 목소리의 반향을 듣는다. 우리는 나르키소스, 에코와 더불어 언표의 비가시적이고 비은폐적인 이중성의 상기, 서로 보여줌으로써 서로 숨는 기호의 시대, 시뮬라시옹과 시뮬라크르의 세상 속으로 빠졌다. 나르키소스는 그가 사랑하는 이미지를 보기 위해 그렇게 나타나고, 에코는 그녀가 사랑하는 목소리를 듣기 위해서 몸을 숨긴다. 자기를 보이면서도 나르키소스는 그를 알지 못한 채 자신을 마주 보고, 에코는 몸을 은폐하면서 자기에게 말걸게 함으로써 자기의 목소리를 듣는다. 적어도 이 우화가 주장하는 바는 에코는 나르키소스 없이는 존재하지 않을 거라는 것이고, 그것은 말을 하기 위해서는 반복할 수밖에 없는 주농이 내린 벌 때문이다. 그러나 사람들은 나르키소스가 진정으로 보고 싶은 이미지, 즉 자신의 이미지만을 보듯이 에코는 다른 이들이 정말 듣고자 하는 것만을 반복한다는 것을 아주 빨리 이해한다. 처음에는 나르키소스가 에코(언표 없이, 에코는 반복하고 그러므로 존재하는)를 존재하게 하지만, 그 다음에는 나르키소스가 그가 사랑하는 반영에 의해서만 존재(그는 사랑에 빠지고, 자신의 존재는 하나의 의미를 갖는다)하기 때문에 몰이해의 극단에서 역설적인 도식이 성립된다. 사실 그는 에코의 상대물이고, 자기 자신의 이미지로만 에코가 존재하도록 하는 똑같은 과정을 겪는다. 나르키소스는 하나의 보완자를 필요로 하기 때문에 주체의 충만하고 온전한 모습을 이루는 데 어떤 어려움을 겪는 것 같다. 주체로서 그는 있는 그대로의 자신의 모습에 만족하지 못한다. 그는 그것이 자기 자신의 일부일지라도 다른 타자를 요구하지만 이런 사실을 모른다. 다른 한편 그는 에코 자신이 나르키소스 속에서 표면화되기 때문에 완전한 주체는 아니다.

에코는 나르키소스가 항상 그녀를 필요로 하기 때문에 나르키소스의 보충적 태도를 벡터화한다. 마지막으로 나르키소스는 자신의 타자를 찾아 스스로 **무화**될 필요를 느끼기에 불완전한 주체이다.

제기된 문제가 자살이나 자연사(自然死)와 관련되는가? 나르키소스는 그가 본 누군가가 아닌 자신의 반영을 사랑한다. 사실상 그의 존재는 불완전하다. 나르키소스만큼 에코도 존재하기 위해 타자를 필요로 하는 존재 원칙을 갖고 있다. 나르키소스 반향 행위의 본성인 자기 자신으로, 그리고 자기 자신에의 이 회귀의 특성은 무엇인가? 한편으로 말을 하는 주체는 자기 자신에게로 반향하는 단순한 사고 활동이 있다. 즉 이것은 자신의 사랑의 발견 이후 나르키소스가 처한 우울한 고뇌를 듣는 정신적인 상태, 모든 외재성의 거부 또는 일종의 해고로 또 다른 자기 자신일 뿐인 하나의 대상을 향하지만 주체(나르키소스)에게서 나오는 반성적인 행위이다. 다른 한편으로는 실재나 존재가 있다면 단지 그것이 비-반향적인 비-주체의 비어 있음 또는 투명함일 뿐인 의식의 자각을 표현하는 거부임과 동시에 그것이 무엇이든 존재의 실재를 고려하는 거부, 반향적 행위가 있다. 나르키소스의 우울 착란을 증명하는 또 다른 이유! 나르키소스의 행동에서 자기 자신의 실존의 근원적인 장소를 향해 끝없이 떠돌게 만들 태생지 탐색의 의미로서의 향수적 행동을 어쨌든 가정해 볼 수도 있다. 더 이상 이 의식의 장소에 자신이 존재하지 않자 나르키소스는 이 부족한 이면을 찾아서 못에 빠진다. 이런 층위에서 나르키소스 신화의 특성은 타자 존재의 거부인데, 즉 나르키소스에서는 분명하게 발견되는 거부이지만 에코에게서는 간접적으로 찾을 수 있는 거부와 관련이 있다. 나르키소스에게 향하는 에코의 사랑은 그녀에게 있어서 분명히 하나의 수단일 뿐인 나르키소스를 **통해** 존

재하는 가능성보다는 덜 중요하므로 에코에게는 간접적인 거부이
다. 우리들은 주체, 나르키소스의 **봄**과 대상, 에코의 **들음**과의 일종
의 감각적인 복제를 확인한다. 나르키소스는 처음에는 안정된 주체
였지만 에코를 찾아갈수록 그가 사랑하는 대상과 뒤섞인다. 에코가
타자들의 소리로 살아가는 것과 달리 자기 자신의 반영 속에서 죽
는 것은 바로 나르키소스에게서 더 잘 일어나는 것이다. 나르키소
스도 처음에는 주체였지만 에코가 기생하는 주체가 되기 위해 대상
이 될 때는 반향 언어적 대상 속으로 사라진다. 그녀는 타인들과 말
하지만 무엇보다 자신의 목소리를 듣고 싶어한다. 둘 모두 비-존재
의 동일한 원칙을 실현하고 있다.

　최초의, 그리고 이차적인 나르시시즘의 두 가지 모습의 정신병적
특색은 나르키소스 극에서는 흥미진진한 편차를 가져온다. 그것의
병리학적 형태들은 사실상 타자의 상징적 파괴 속에서 단지 끝나지
않을 매력을 불러일으키는 자신을 향한 극단적이고 배타적인 관심
에 해당한다. 그리고 나르시시즘의 최후 이형은 종종 자폐 행동에
이르는 병리학적 여정이다. 그럼에도 불구하고 타인들을 거부하는
나르키소스가 반향적 의식으로 자기 자신을 받아들인다는 것인가?
나르키소스는 본질적으로 불완전하고 미완성의 인물이다. 이는 아
마도 일정 시기에는 적어도 자기 행동의 급격한 변화를 확인시켜 주
는 것이다. 프로이트는 나르시시즘 분석에서 네 가지 모습으로 문제
에 접근하고 있다. 나르키소스적 개인은 a) 현재의 자신을(그 자신
을), b) 과거의 자신을, c) 자기 자신이 미래에 되고 싶어하는 자신
을, d) 자기 자신의 일부였던 사람을 사랑한다.[17] 인용한 네 가지 경
우에서 프로이트는 이차적인 나르시시즘(유일한 병리학적 존재)을
겪는 주체의 행동은 그 최종 단계가 개인의 발생적인 비통합의 범

주인 자폐증인 자기 의식의 파괴 과정으로 해석되는 원칙에서 출발한다. 이런 굼뜬 심리적인 비통합이, 예를 들어 어떤 편집적 행동의 반향 언어적인 착란, 의식의 총체적인 부재, 에코의 모습, 외재적 광기의 형태 속에서 표현된다는 것을 관찰하는 것도 흥미롭다. 프로이트는 이런 층위에서는 나르키소스적 주체의 의식 구조가 분명하지 않다고 인정했다. 나르키소스가 그런 상태에 처해 있지만, 그가 끊임없이 물에 비치는 얼굴을 찾기 때문에 자기 스스로가 파괴를 부추기는지는 전적으로 모르는 것 같다. 그는 도덕적이지는 않지만 반영의 근원으로서의 자신을 의식하지 못하는 심적인 유죄를 범한 것이다. 그는 자신을 알아보지 못하고 생각하는 주체로서 충분히 자신을 세우지도 못하고, 이런 불완전함이 에코의 인물 속에서 대리 형태를 찾기 위해 자신의 존재의 본성에 대하여 자문하도록 유도될 것이다. 에코는 그렇게 나르키소스로 대체된다. 에코는 그에게 부족한 보완자를 가져다 주지만 두 존재의 결합이 결과적으로는 인물의 공허함에 대한 인식을 하게 될 것이다. 나르키소스는 자신에게 부족한 이면을 기다린다. 그 이면은 나르키소스의 반-비어 있음이라는 자신의 빔으로, 보충하는 에코의 물리적인 소리의 재현에 의해서만 찾을 수 있는 것이다. 이런 정신적 참극은 편집증적 나르키소스적 행동에서 재발견된다. **한 인간인 나, 나는 나를 사랑하는 한 인간인 그를 사랑한다.** 그는 적어도 그를 위해서가 아니라 나를 그에게 더 잘 융화시키고, 나를 보기 위해 내가 그를 믿고 그를 사랑하는 나를 사랑한다. 그래서 나르키소스적 행동 속에 편집증의 조

---

17) S. 프로이트, 《나르시시즘에 대하여》, *La vie sexuelle*, Paris, PUF, rééd. 1982, p.95.

절 원칙이 있다. 이것은 타자에 의해 나를 나 자신에 이르도록 내가 애쓰기 때문에 나르키소스적 태도이다. 나는 나를 외부에서 볼 수 있기에 대상·주체로서 두 측면에서 작용한다. 이런 태도는 결국 완전하게 주체를 파괴하는 한 편집증으로 규정된다. 어쨌든 나르시시즘은 모든 약점을 평가할 수 있는 주체의 위상을 문제삼지 않고도 주체와 객체(대상) 사이의 조절을 인정한다. 나르키소스적 주체는 그 안에 처해 있는 가벼운 환상에 한가닥 희망을 품는다. 그는 주체로서 자신을 상상하고, 자기 것보다는 타인의 두려움 속에서 주체를 더 생각한다. 나르키소스적인 행동 속에서 사람들은 다양한 편차로 편집증적 변이들에 동참하게 된다. 처음에 편집증 환자는 자기 아버지, 자기 어머니와 자기 자신과 연결된 관계들에 대해 자문하는 자들이다. 그러나 그는 그가 기대했던 것과 다른 해답들에 빨리 직면하게 되었다. 그것은 내 아버지도 내 어머니도 아니고, 나는 누구인가라는 이런 의문들에 답을 찾으려고 할 때의 그리스도의 당혹감을 상상할 수 있다. 즉 하나 혹은 두 분의 아버지, 단 한 분의 선한 어머니, 그리고 유대인들의 아들이자 동시에 기독교인들의 아버지로서의 그!

각각이 특별한 정신병적 상황을 가진 편집증적 행동의 여러 가지 변조들이 존재한다. 가장 많이 알려진 것은 다음의 표현처럼 습관적으로 나타내는 **피해망상**이다. 한 사람인 나는 한 남자인 그를 사랑하지만, 그가 나를 증오하므로 그를 증오하는 내가 옳다. 이런 의기소침한 행동들 중 덜 알려진 형태들 또한 존재하는데, 질투의 착란은 한 남자인 내가 그를 사랑하고, 그(또는 그녀)가 모든 사람들을 사랑하고, 나는 그(또는 그녀)를 죽인다. 과대망상은 아마도 가장 덜 알려졌지만 가장 중요하다. 왜냐하면 이런 형태는 완벽하게 나르시시즘의 전제 사항들을 압축하고 있기 때문이다. **한 인간인 나는 한 인간인 내가 사랑하는 한 인간인 그를 사랑한다.** 이런 편집증적 변이들의 편차는 우리들을 나르키소스적 담론의 현실을 더 잘 구분할 수 있게 해준다. 편집증 환자는 자기 자신의 위상에 대한 인식을 모색하지만 그가 기대하는 것을 가져다 주지 않는 현실에 직면하고는 그런 사실에 고통받는다. 단 하나로 편집증적 행동의 모든 변이들을 종합하는 나르키소스의 경우도 마찬가지이다. **한 인간인 나는, 한 인간인 나를 내가 사랑한다.** 그런데 나르키소스 비극의 본질은 반영의 근원으로 자신을 인식하지 못하는 것에서 나오고 주체의 자기 위상을 다시 문제삼는 것을 거부하는 것에서 유래한다. 태도·착란·편집증·나스시시즘, 타자와 자아의 파괴라는 표현에서 그 결과는 동일하다. 편집증은 여러 가지 변이들 속에서 타자를 파괴한다. 즉 나르키소스처럼 과대망상·학대망상·질투망상은 또 다른 자기 자신을 찾아서 자기 모습을 파괴한다. 그러나 사회 관계들이 그와는 다른 타자와의 접촉을 요구하는 반면, 편집증 환자는 그만을 찾기 때문에 편집증적 인물인 나르키소스의 편에 있어야만 한다. 또는 가설적 주체에 의해서만 존재하는 에코의 편이든지.

대화의 본성에 관해 우리가 처음 가졌던 의문으로 다시 돌아오기 위해 메시지 없이 무한히 재생산하는 자기 자신의 발송을 자동 발생하는 의사소통인 **반향언어적 의사소통**과 **나르키소스적 대화**(나에 대해 말하고, 나에 의해 말하며, 나를 통해 말하고, 이 내가 자율적이지 않은 것을 발견하고는 괴로워한다)를 대립시킬 수 있는가? 나르시시즘에서 확인된 첫번째 사실은 주체로서 존재할 수 있게 하는 반영의 사회적인 지위이다. 그것은 사회적 층위, 소비의 미덕, 주거지와 삶의 방식과 관련하여 영향을 미친다. 두번째 사실은 공동체가 개인을 결정한다는 의미로 집단 의식의 표현을 거친 그 특이성에 대한 향유이다. 세번째 사실은 생각하는 주체는 그 반영이 거울에서 사라질 때 본래의 자리를 차지한 자가 되고 관계의 주인이 되어 버린다는 의미에서 존재하지 않는 빈 반영이다. 주체는 더 이상 존재하지 않는다. 그는 반영 없이 존재한다. 우리는 나르시시즘이 낳은 두 가지 큰 환상에 처해 있다. 즉 **사회적 환상**에 의해 개인은 자기 자신의 이미지가 아닌 자신들도 그 집단이 주체들로 구성되지 않는 집단의 익명 이미지를 가리키는 타인의 익명 이미지를 가리킨다. 그리고 **심리적 환상**에 의해 개인은 타인을 증오하고 자신을 경멸하는 것으로 끝날 때 타자를 이상화하는 만큼 자기 자신을 사랑한다. 나르시시즘은 무관심(냉담)의 표현이다. 나르키소스는 빈 이미지와 사랑에 빠진다. 이렇게 큰 에코의 벌린 입은 돌아오지 않는 담론인 침묵의 반향어라는 서툰 방식으로 토로한다. 에코와 나르키소스의 형상을 본뜬 개인은 제 자신의 말의 부재로 병이 든다.

4. 무기력화

무기력화는 나르키소스의 종착역, 굼뜨지만 돌이킬 수 없는 타인과의 제 관계 과정인 자기 상태의 최종 변형이다. 나르키소스(Nar-kôsis)는 이미 자기 행동의 마비 상태에 빠져 있다. 그는 점진적인 무기력화와 사지의 마비, 중압감을 느끼는 존재인 만큼 거기서 멈추지 않고 한 여성성에서 다른 여성성으로 넘어가는, 생각 없이 미친 듯이 살아가는 자이다. 나르키소스-나르코시스-무기력 그 전체가 중첩되는 개인의 상태를 이룬다. 나탈리 사로트는 《너는 널 사랑하지 않아》에서 특히 개인 숭배로 고통받는 자들에게서, 그들 자신에게 향하는 사랑이 덧없고 공허함을 의식하는 주체의 고된 이런 분열을 느꼈다. 이런 상황에서 그런 사람들은 그들 자신을 탓하기만 하지만 자신을 너무 사랑하는 이들에게서는 위험하다고 말하기 좋은 조건일 것이다. 파스칼(자아는 가증스럽다)에서 보마르셰(익명의 무정형적인 집합으로서 자아)까지 사실상 말을 하는 주체에 대해 어떤 여지가 남아 있는가? 나탈리 사로트는 사랑받는 주체를 대신하는 것이 아니라 좀더 단순하게 더 이상 전혀 서로 사랑하지 않음을 제시한다. 《너는 널 사랑하지 않아》는 혼란에 빠진 두 연인의 빈 시선이 변한 것이다. 그러나 서로 혼란에 빠지기 전에 그들의 시선이 서로 겹치고 실재하는 두 존재이고, 이어서 열정이 형성되면서 그들은 '서로가'[18] 서로 몰입한다. 그리고 관객은 각자 '자기 행복을 노출시키는'[19] 이 아름다운 진열창에서 웃는다. 만약 상황이 대수롭지 않다고 하더라도 에코를 통해 자기 자신과 만나는 나르키소스의 모든 문제를 제기할 것이다. 눈에 띄는 자신의 행복을 전면으로 사랑하는 커플의 순수한 아름다운 현대적인 진열, 이 모두가 열망·향수·찬사를 번갈아 상기시키는 거의 일관된 배열을 이룬다. 풍자풍의 이런 유형의 태도로 요약되는 것을 볼 때 기쁨과 행복은 이 얼마나 비참한가! 난 널 사랑해. 넌 날 사랑하니?와 같은 표현의 반향적 반사의 모호한 유희를 이런 주제에서 환기시킬 수도 있을 것이다. 나탈리 사로트는 모든 유형의 토의와 논쟁을 회피하는 다음의 간결한 표현으로 사랑의 대화를 결론짓고 있다. "그래, 물론 난 널 사

---

18) N. 사로트, 《너는 널 사랑하지 않아》, Paris, Gallimard, 1989, p.65.
19) N. 사로트, *op. cit.*, p.66.

랑해."[20] 그런 것이 바로 그와 더불어 사랑이 사라지게 만드는 나르키소스의 상황이다. 알랭 슈송이 《사람들은 서로 사랑하지 않아》에서 "서로 만지고 서로 입을 맞춘다. 사소한 기쁨을 감추기 위해, 홀로 잠들지 않기 위해, 장미 포마드 크림으로. 아! 어쩌면 그것이야말로 사람들이 서로 사랑한다고 말하는 방식이야"[21]라고 썼을 때처럼 어느 정도는 시뮬라크르를 회피하게 해주고, 그리고 **난 널 사랑해**라고 더 이상 말하지 않는 나르키소스의 선언이야말로 사랑의 선언이다. 난 널 사랑해. 넌 날 사랑해? 이것은 네가 날 사랑하기 때문에 내가 널 사랑하고, 그 다음을 안다는 암시된 인과 관계를 세워준다. 두번째로 그런 인과 관계의 존재를 인식하는 주체는 타인을 더 이상 사랑하지 않고 자기 자신 속에 빠지지 않도록, 이런 교환 관계로 자신의 사랑을 요약하는 것으로 끝낸다. 마지막 비극적인 시퀀스는 그가 더 이상 사랑하는 주체가 아니라는 것을 인식하지만 그것은 자기에게서 멀어지는 사회적 상황의 희미한 반영이다. 모순된 사실이지만 텔레커뮤니케이션 시대는 어쨌든 원격소통이라는 모든 현대적인 수단으로 대화하고 매력적인 존재인 한심한 놈 뒤에 숨기 위해 겉모습을 숨기려고 애썼다. 망의 이면에서는 내용이나 원격소통하는 주체, 형태도 없고 주체도 아닌 틀…이지만 무엇이 기꺼이 받아들여졌는가?

---

20) N. 사로트, 《말의 사용》, Paris, Folio-Gallimard, 1985, p.75.
21) A. 슈송, 《사람들은 서로 사랑하지 않아》.

IV

문체의 목적 혹은 대화의 문법

그 기교가 설득하기에는 탁월하지만
자연스러운 대화에만 속하는 즉각적인 표현만으로.
말라르메, 《주체에 관한 변주》

앞단계에서는 새로운 의사소통 장치들이 풍부함에도 불구하고 소통이 원활하지 못한 대화와 주체의 부재에 대하여 제시하였다. 만약 대화에 있어 이런 과정이 문체에 관한 주시로만 끝이 난다면, 그것은 첫번째 의미에서 문체가 대화 행위에 관한 하나의 해결책을 또한 제공함을 보여주기 위해서이다. 보편적으로 이해되는 문체는 대화의 문법으로 나타나며, 그리고 그것이 문체의 목적이다.

문체에 관한 이런 계기들의 강도와 섬세함은 글로든 말로든, 아니면 침묵으로든 대화 속에서 그렇게 다시 발견된다. 격조 높은 표현으로 구체화된 구조로서 문체는 그렇게 매번 이야기 연쇄 속에서 드러난다. 서두에서의 고찰들은 대화가 꼭 소통하는 행동만을 전제하지 않음을 보여주었을 것이다. 문체의 구성과도 마찬가지이다. 문체는 대화의 숨겨진 구조를 드러내 주기도 하지만, 특히 자기 존재를 보장해 준다. 문체는 시인이 파롤의 형언할 수 없는 영역인 단어의 힘, 혹은 무언의 독백이라 부른 무언의 혹은 사교적인 상호성의 이런 순간들을 개인·독자·청자들이 발견하도록 유도하는 진실 속에서 대화를 지켜 간다. 들뢰즈는 프루스트[1]에 관해 쓴 자신의 작품 속에서 의사소통 방식이 예술 작품 속에서 실현되는 문제를 제기하고 있다. 그는 작품 속에서의 관련성의 위력이 문체의 특이성과 관련 있다고 인식하고 있다. 그러므로 문체는 어떤 종류의 대화 공간을 만들어 내는가? 무언의, 강렬한, 진실한 파롤이라 불리는 곳, 혹은 시끌벅적하고 정형화된, 그리고 집단적인 의사소통 행위의 계기인가? 대화는 씌어진 것이든 아니든, 확고한 제 길을 선택한 것 같다. 대화는 특이한 순간으로 존재하며, 인간에게서 인간답게 만드는 증표로 남는다.

1. 문체의 본질

특정 계기들의 배열 방식인 문체는 두드러지거나 내면화된 대화가 간파하는 사적이고 진실한 관계들을 보존한다. 글쓰기의 강렬한 계기인 문체는 그렇다고 해서 드러내지는 않고 심오한 친밀함의 영역들을 부식시킨다. 제 자신의 문법으로 문체는 영원한 미래 속에서 대화의 대변자가 되고, 르네 샤르가 말한 효과적으로 성공적인 글쓰기 행위 속에서 대화가 실현되는 것을 문체가 방해할 배열은 존재하지 않는다. 하얀 페이지, 말의 침묵, 또는 글쓰기 대화까지 **비-문체**의 동일 표현이다. 수사학자의 약어의 방식인 장식적 수사의 거부, 즉 **비-문체**는 결코 소통되지 않는 대화의 자유로운 표현처럼

---

1) G. 들뢰즈, 《프루스트와 기호들》, Paris, PUF, 1964, p.195.

보인다. 말만 앞세우는 주체가 이야기한다? 글쓰기의 이런 극을 시인들은 그들의 작가적 작업 속에서 재전사하고자 한다. 예를 들면 말라르메가 그렇다. 그런데 물론 다른 작가들에게도 있지만 그는 특히 대화의 복잡함을 표현하기 위한 시작업에서 절정을 이룬다. 말라르메의 대화는 반성의 행위가 자신과 자신의 심리적인 자성으로만 귀착되지 않는 일종의 대화와 글쓰기 행위 자체에 대한 반성을 고려한다. 자신의 글에서 만족도 불평도 없지만 말라르메적인 대화는 무엇보다 매순간 시인이 목숨을 내거는 행위의 완수인 것이다. 그러나 실패가 무슨 문제가 되겠는가? 실행이 중요한 것 이상으로 시도만으로도 충분한 것을!

인간은 일종의 다양한 글쓰기 행위의 틀인 자신의 언어 속에서 자신의 형식에 의해 어떤 변조를 강요하기 때문에 **문체는 인간이다**. 그러나 작가 개인에 고유한 이 틀이 들뢰즈가 묘사한 것처럼 뷔퐁의 **내면의 틀**을 전형으로 갖는가? 그 틀은 존재나 사물의 외재성을 제한하지만 내부 구조와 글쓰기의 특성만을 비난하던 고대의 수사 방식에만 그치는 것이 아니라, 그것이 무엇이든 사실상 존재의 내면이나 볼륨을 본뜨고 조절하는 것 같다. 뷔퐁의 변조는 문체의 고전적인 형상을 왜곡하고 드러나게 만든다. 이런 변조들의 변이로서 틀은 더 이상 하나의 형태가 겉으로만 대충 거의 저속하게 질료에 각인되는 계기가 아니다. 오히려 형태가 질료에 생명을 불어넣어 주는 것이다. 여러 **형태들**(des formes)――이것은 담화의 외재적인 공간과 형상이기 때문에――보다는 고정된 **형태**(la forme)가 더 나은 것처럼 어느 누구도 결코 말한 적도, 동일한 방식으로 변조한 적도, 표현한 적도 없는 한 자기 자신만의 문체를 각 저자가 가지는 것이 더 낫다. 비록 누구나 자신에게 적합한 언어와 가능한 문체를 갖는다 하더라도 각자가 자신의 언어를 갖고, 각자가 자신의 대화를 갖고, 각자가 자신의 문체를 갖는 것이다. 각 저자에게 고유한 글쓰기 행위에서 변조된 언어 유희의 변이는 공유된 공동체가 생성될 수 있는 접촉 지점들을 제한한다. 하나의 언어에서 다른 언어로의 이행, 모국어 이전 단계에서 오는 원시 언어에로의 회귀에 의한 **공통 언어**(사회적인 영역)에서 **정의적 언어**(내부적인 영역)로의 이행이 어떤 점에서 언어 침수보다는 극화하기가 더 쉬운지를 보여준다. 프루스트는 바그너의 오페라를 듣고 언어에 대한 이런 기이한 감정을 느꼈다. **외국어로 씌어진 이 아름다운 장서처럼** 음악적인 동일 주제의 사용은 충격을 받은 의식에 인상의 편두통[2]보다는 모티프의 반복을 독자나 청자에게 덜 유도하는 거의 초연한, 내면화된 막연한 행위들을 상기시킨다. 읽거나 듣거나 말을 함으로써 주체는 기이한 세계로 빠져들고, 자신의 강한 상태를 회복하기 위해서 자신의 대화를 표현하는 소통적 존재의 사회적 기능은 잊어버린다. 주체는 일상적 통사의 사회적 형태와 의사소통의 술수를 동시에 피한다. 이제부터 서로 말함으로써 인간은 자기 자신의 음악을 기억하기 위한 구실로 삼는다. 벨라 바르토크의 분열들은 민속적인 테마들의 단순한 재수집에만 제한을 두지 않는 것처럼 언어 자체는 공론이나 무의미한 표현의 유착으로는 더 이상 보이지 않는다. 꾸밈없는 진실인 **정의적-언어**가 겉치레뿐인 민속적 변이로서 하나의 언표나 분할을 재투자한다고 해서 이런 것들이 표출되지는 않는다. 그는 반향에 의한 근원에로의 회귀인 일상적인 주관성의 망각을 재전사하는 항구성의

---

2) M. 프루스트, 《잃어버린 시간을 찾아서》, 〈갇힌 여인〉, Paris, Gallimard, 1977, p.188.

변조를 재활성화한다. **문체를 가진다**는 것은 자신의 언어를 그와 같이 되찾는 것일지도 모른다. 글쓰기가 유도하는 언어 활동에 내재된 동시에 내면의 **긴장선**은 이런 문학적 또는 음악적 계기들의 절박성에 지나지 않는다 하더라도 자신의 문체를 통해 인간의 대화를 시험하고 체험하게 해준다.

2. 수사와 문체

문체에 대하여 깊이 생각한다는 것은 결국 문체의 문학적 사용에 관하여 곰곰이 생각해 보는 것이다. 수사와 문체 간의 구별은 무엇보다 외재성에서 내재성으로의 이행으로 밝혀진다. 그러나 여전히 거기에는 자신의 담론을 이루는 수단으로서 계산된 언어를 사용하는 수사학자(rhéteur)와 미사여구의 효과를 심사숙고하여 재규명하는 수사학자(rhétoricien)를 구분해야 할 필요가 있다. 아리스토텔레스는 수사학을 "어떤 주어진 경우에 설득의 모든 가능한 수단을 찾아내는 기술"[3]이라 정의했다. 그는 헛되고 전형적이며 묘사적인 하나의 과정으로 수사학을 한정시키지는 않았다. 반대로 행동에 연결된 활동처럼 간파했다. 설득의 기술은 사실 언어와 사고 간의 주된 대상에 대하여 상호적인 관련성을 갖는 판단인 구체적인 상황에 부합하는 판단을 의미한다. 수사학은 절대로 언어의 단순한 외재적 적용이 아니라 단순히 문체가 실현되도록 하는 것이다. 형식적인 연습이

---

3) 아리스토텔레스, 《수사학》, liv. II, 1355 b 25-26, Paris, Éd. des Belles Lettres, 1961; trad. Dufour.

될수록 수사학은 비록 대부분 기술이나 언어 효과의 연출로서 지각
될지라도 문체를 완수할 수 있도록 만든다. 우리는 문체 형식을 정
당한 자기 가치로 평가하는 **rhéteur**와 미사여구를 극단적으로 사용
하는 **rhétoricien** 사이의 모든 구분을 여기에서 알게 된다.

대화 속에서 배열되는 문체의 모습은 니체의 **수사의 기쁨**의 주제
를 연상시킨다. 문체는 단순한 언어의 범주, 즉 탁월하며 수려한 글
쓰기, 약정된 말, 일련의 의례적인 표준화된 연습이 아니다. 문체는
반대로 **일탈** · 단절 · 위반의 문맥 안에서 '통계적으로 해석하는'[4]
언어학자와는 대립되는 **일탈의 동작주**가 되는 작가를 만들어 낸다.
활기찬 연습, 영구적인 불균형, 계속되는 변이의 환경 속에서 문체
는 완전한 이질적인 상태를 요구하고 단어의 정형화된 배열을 거부
한다. 그렇지만 대화를 명확하게 드러내는 문체의 방식을 좀더 잘
이해하기 위해 문체가 전달하는 바——자유간접화법——로 돌아
가야만 한다.

3. 자유간접화법

자유간접화법은 두 화자간의 언표 관계로서 정의된다. 예를 들어
《보바리 부인》의 유명한 구절에 "그녀는 혼잣말을 되풀이했다. '내
게 애인이 생긴 거야! 애인이!' 이렇게 생각하자마자 갑작스럽게 또
한번의 사춘기를 맞이한 것처럼 기쁨이 솟구쳤다. 그러니까 그녀는

---

4) P. 발레리, 《클레다에게 쓴 편지》, in 〈르뷔 드 필로로지 프랑세즈〉, n° 40,
1928, p.509. 플로베르 · 프루스트와 같은 여러 작가들에 관해 파세로네 교수가
분석한 좀더 앞에서 인용한 글을 참조할 것.

마침내 저 사랑의 기쁨을…… 가지게 되는 것이었다."[5] "마침내 그
녀는 가지게 되는 것이었다"는 자유간접화법으로 표현되어 있다. 인
물의 목소리 속에는 내레이터와 작가의 목소리가 뒤섞여 있다. 작
가는 "작가-내레이터의 존재가 되기를 단념하고, 자신의 인물을 통
해 모든 것을 이야기하면서 즉시 자신의 인물 속에 빠진다."[6] 자유
간접화법은 실제로 말을 하는 주체의 목소리(직접화법)로든 두번째
의 말투를 금하는 첫번째 화자의 목소리와 언표를 맡은 목소리(간
접화법)로든 직접·간접화법에서는 단 하나의 목소리만 표출되는데
비해서 각각의 인물이 자신의 목소리를 갖는다. **그가 그것을 했다
고 나는 말한다**고 주체가 진술할 때 화자로서 그는 두번째 화자의
말을 막음으로써 그를 진압하고, 그의 언표는 그것을 내포한 자신의
언표에 맞춘다. 게다가 직접화법은 말을 하는 **나(Je)**를 여전히 상상
하기 때문에 다른 것보다 덜 자유롭다.

　반대로 자유간접화법은 두 목소리, 두 언표의 뒤섞임과 **너(Tu)**와
그(Il)의 대화 상대자의 완벽한 독립이 존재한다. 이런 형식의 화법
은 작가에게는 자신의 언어·유동성·이질성의 유출을 회복하려는
작가의 유일한 수단으로 남아 있다. 작가는 이런 수단을 통해 자신
의 작품 속에서 긴장의 선을 창조해 내기 위해 일상 언어의 균형을
상실할 수 있을 것이다. 그래서 자유간접화법은 십중팔구 자기 담론
의 주인인 전지전능한 내레이터의 손을 벗어나는 수단이 되기도 하
며, 직접·간접 언표들의 삽입에 맞서는 수단이 되기도 한다. 직접
화법이든 간접화법이든 상황에 따라 다양한 언표 행위의 주체가 뒤

---

5) G. 플로베르, 《전집》, Paris, Gallimard, 〈플레야드〉, t, 1, 1951, p.657.
6) P. 파졸리니, 《이교의 경험》, Paris, Payot, 1976, p. 41; A. Pullberg.

섞인 특이한 언표들을 작가는 만들어 낼 수 있다고 여전히 생각하는 데도 주체가 자기 언표에 대한 통제력을 잃어버린다고 받아들일 때 문체의 형상이 실현될 수 있을 것이다. 그 자체가 또 다른 언표 행위에 속하는 언표 안에 채택된 언표 행위가 자유간접화법에서는 그 주된 기능이 수사적인 기교를 가진 언어를 유지하는 일련의 삽입과 배열을 실현할 수 있게 해준다. 영원한 글쓰기 또는 애매한 주관성을 만족시키기 위한 글쓰기와도 상관없지만 그보다는 오히려 자기 자신의 언어의 재발견으로서의 기술 행위를 고려하는 것이다. 집단적 언표들을 자유롭게 배치하는 작가는 게다가 언어의 이질성도 수호한다. 문체에 대하여 정의할 때 뷔퐁이 사용한 **틀**의 주제는 집단적 언표들의 개별적인 배열을 가능하게 해주고, 또 이런 자유로운 배열은 들뢰즈가 볼프슨과 베네[7]의 작업을 설명하기 위해 사용한 표현인 **언어 없는 2개어 병용** 속에서 완전하게 표현되었다. **언어 없는 2개어 병용**은 일종의 원시 언어인 선행 단계를 되찾기 위해 모국어를 버린 작가가 남겨둔 가능성에 해당한다. 그의 2개어 병용은 표준언어에 의해 부가된 한계에 의해 제한되지 않고, 하나의 언어 능력에서 또 다른 것으로 넘어가는 이러한 변화에 있다.

4. 내면의 틀

1753년 8월에 뷔퐁은 그의 아카데미 프랑세즈 선거를 맞이하여

---

7) L. 볼프슨, 《정신분열증과 언어들》, Paris, Gallimard, 1970. C. 베네, G. 들뢰즈, 《중첩》, Paris, Éd. de Minuit, 1979.

자신의 《문체에 관한 담화》를 썼다. 이 시기에 《박물지》에 관해서도 연구하고 있던 그는 이미 종들의 관찰과 그것들의 구성에 할애한 여러 권의 책을 출판한 바가 있다. 종들의 진화에 관한 그의 과학적 접근에서 뷔퐁은 신체를 통한 분자 순환(몸의 물리적인 상태에 따라서 하나의 몸에서 또 다른 몸으로 넘어가는 분자들)이라는 근대적 사고를 개괄적으로 기술했다. 이런 분자의 교환이란 개념에서부터 그는 **내면의 틀**의 개념을 구상하게 된 것이다. "동물의 몸은 내면의 틀[8]의 일종이다. 그 속에서 자기 증식에 쓰이는 질료는 전형이 되고, 전체에 동화된다……. 그러므로 동물이나 식물의 몸이 일정한 형태를 가진 내면의 틀인 것은 확실한 것 같지만 그것의 질량과 분량은 상대적으로 증가할 수 있고, 동물이나 식물의 증식을 원한다면 그 증식은 모든 외부적이고 내재적인 차원에서 이런 틀의 확장에 의해서만 이루어진다. 이런 확대는 틀의 질료와 동일한 형태와 유사하게 되거나 내부로 침투하는 이상하고 부차적인 질료의 영양분의 삽입 성장에 의해서만 이루어진다."[9] **내면의 틀**에 관한 뷔퐁의 철학적 분석은 목적론적——목적 그 자체를 위한 연구, 궁극적 원인에 대한 학문[10]——행위의 아리스토텔레스적 관점에 포함되며, 단순한 하나의 형태에 관한 것이 아니라 각각의 구조에 고유한 변조와 관련

---

8) 장 자크 루소는 자신의 《몽상》의 네번째 산책에서 질료에서 생성되는 변조로서 내부 모형에 대하여 말하고 있다. 루소식의 변조는 뷔퐁의 틀이나 아리스토텔레스 형식의 개념을 다시 취하는 것이다. 목적론의 원칙인 변조는 외재성과 내재성에 대한 내용의 자유로운 보존이며, 소산적인 자연만큼 능산적 자연이며, 구성되는 만큼 구성하는 것이다. 사실 형식적이고 미리 결정된 주물이란 있을 수 없다.

9) G. 뷔퐁, 《박물지》, 〈동물의 역사〉, ch III, Bruxelles, Éd. Lejeune, 1828. 조르주 캉길렘은 자신의 《인식과 삶》(Paris, Vrin, 1985, pp.51-60. 이 문제에 관한 세부 사항은 G. Passerone, *op. cit.*를 보라)이란 작품에서 세포 교환의 개념에 대한 과학적인 독창성을 제기한 선구자들 중의 한 사람이다.

10) 아리스토텔레스, 《형이상학》, liv. H & Z. 《물리》, liv. I & II.

이 있다. 뷔퐁의 내면의 틀은 구조의 외재적인 제한, 형식화된 형태, 결정적이고 불가역적인 구조가 아니라 오히려 주체의 내재적인 구조, 언어의 질료 속에서 구체화되는 하나의 형태에 관련된다. 문체는 제 단위로 작품에 제약을 주고 사고 속에서 운동과 일종의 순서를 정한다. 문체와 결부된 이런 변조는 글쓰기 행위를 형식적인 연습이나 어느 정도는 균형잡힌 배치의 전략이 아닌, 외부에서부터 질료에 각인되는 외재적 형태로서도 아닌 스스로 규정하게 만든다. 오히려 언어의 질료 자체의 진정한 변조와 관련이 있다. 뷔퐁이 자신의 유명한 공식 "문체는 인간이다"[11]라는 표현을 썼을 때, 각자가 어느 누구와도 같은 방식으로 변조하지 않는다는 의미로 작가가 자신의 문체를 갖는다는 사실을 암시한다. 각자가 자기 대화를 갖듯이 각자 자신의 언어를 소유한다. 이런 고유의 배열은 언어 없는 2개어 병용의 무수한 형태인, 예를 들면 아르토의 말의 수다를 통해, 바흐의 분절과 같은 음악 형식에, 말라르메와 《주사위 던지기》의 가장 순수한 시적 연습으로 이어지는 통사적 선율의 계속되는 이런 변이들의 이미지에 있다. 이런 관점에서 문체는 인간이 언어의 질료 자체에서 재현하고 주조하기 위해서 여러 인식에 부과한 특수 형태들이고, 또 그것으로 남아 있다. 이런 **문체의 목적**은 그럼에도 작가가 수사적인 메커니즘으로 이것을 사용한다는 조건에서만 존재한다. "내가 일을 더 할수록, 그리고 가능한 한 진실에 가까이 다가가고자 하는 열정을 가질수록 나는 문체에 의해 사로잡히는 것을 그만 단념해야만 한다는 사실을 더욱 깨닫게 된다."[12] 문체에 전념한다는

---

11) G. 뷔퐁, 《문체에 관한 담론》, 〈디스쿠르 아카데믹〉, Paris, 1866, p.15.
12) 프루스트가 로제 마르탱 뒤 가르에게 쓴 사적인 이야기, in 〈르 피가로 리테레르〉 24, décembre 1955.

것은 글쓰는 행위를 결국 단순한 배열 연습으로 국한시키는 것이
다. 반대로 문체를 **잊어버린다**는 것은 대화의 원시적 재료에 몰두
하도록 사회적인 굴레에서 언어를 자유롭게 하기 위해 **비-문체를**
만들어 내는 것이다. 그것은 위대한 작가와 필사생 사이의 차이를
만들어 내게 하고, 독자가 느끼는 글쓰는 행위의 내재적 특징인 **문**
체를 가진 자와 그것을 파악하기 위해 사물과 사건의 원시적 재료
에 충분히 시달리지 않는 자, 아름다운 글쓰기의 **문장가** 사이의 모
든 차이이다. **비-문체**는 언어에 생명을 불어넣어 주는 시적 역동성
을 근본적으로 재발견하기 위해, 그리고 자신의 언어를 되찾기 위해
서 **문체를 가진다**는 의미에서 자신의 첫번째 언어를 재발견하는 수
단 역시 될 것이다. 말라르메는 자신의 독자에게 다음의 여정을 제
안했다. 그들의 한계를 아주 빨리 납득하기 위해 의사소통 행위와
글쓰기 연습에 기울이는 시선에서 떠나기. 장차 글쓰기 행위에 대
한 심도 있는 작업은 하얀 페이지가 무엇을 위해 만들어졌는지를
이해할 수 있도록 의사소통이 없는 대화 행위의 재발견의 방법으
로, 때로는 자성의 행위에 또 때로는 내면 언어의 공유와 공통화 행
위로 창출될 수 있다. 그러나 그 대안이 독백하는 대화 행위(주체가
자신의 정의적-언어 속에 빠져 버리는), 일상적인 의사소통 행위의 실
천, 막다른 상황인 자신의 정신병적 태도 속에 틀어박히는 것과 마
지막으로 이야기하는 주체의 사교적인 행동, 대화 행위의 재발견 사
이에서 작가가 선택할 것이므로 위험을 내포하고 있다. 글쓰기에서
든 아니든 대화는 이런 **무언의 부분**, 언어에서 알려지지 않은, 포착
할 수 없는 영역에 이르기 위한 최상의 수단이 될 수 있을 것이다.
예를 들어 말라르메의 시적 연습이 초래하는 희박성은 독자처럼 작
가를 기절 상태나 말의 공백 상태로 유도하는 시적 대화의 언어적 긴

장이 어느 정도인지를 우리에게 보여준다. 문체는 어떻게 보면 진정한 대화가 초래하는 이런 까다로운 연습에 하나의 대안인 언어 긴장 완화 상태로 접근될 수 있을 것 같다. 무관심에서가 아니라 반향 효과 없이 단어가 표현되는 시의 또 다른 형태, 의미에의 접근을 위해 드러내는 긴장의 영역, 일상 언어 뒤에 감춰진 긴장 영역을 되찾기 위해 사람들이 하는 말에서 멀어지기이다.

5. 말라르메의 시작법

"내가 시작할 때마다 내 그림은 이 하얀 먼지, 천으로 뒤덮인 채 내게는 다른 쪽에 있는 것 같다. 나는 먼지를 털어 버리는 것으로 충분하다. 나는 푸른색·초록색·노란색의 작은 솔, 붓을 갖고 있다. 모든 것이 깨끗해졌을 때 그림은 완성된다."[13] 그리고 시적 대화도 동일한 방식으로 표현된다. 공유가 존재하므로 애초에는 그 순간이 숭고하고 성공적이었다. 자신의 의미를 되찾은 진짜 단어들은 브라크의 솔과 동일한 역할을 할 것이다. 그러니까 대화의 실제 공간을 구체화하게 될 것이다. 그러나 너무나 많은 색들이 그림의 매력을 잃게 만들 듯이 너무 많은 단어는 대화의 본질을 잃게 만들 것이다. 정도에 맞는 대화를 실행함으로써 추구하는 것이 바람직하다. 우선 그 연습은 간단하지만 실패는 거의 예외가 없다. 말라르메의 《주사위 던지기》는 우리에게 유쾌하고도 명확한 자신의 문체에 대한 확신으로 대화 연습의 재발견을 제시하고 있다. 그는 침묵과 공백으로

---

13) J. 폴한, 《사냥개와 주인》, Genève, 1946, p.43.

변하는 일종의 즉각적인 본질이 나타나도록 만들기 위해 단어에 파고들었다. 수사학의 남용도 과도한 문체의 연습도 아니라 말로는 다 표현할 수 없는 무언의, 그러나 인간적인 대화가 튀어나올 수 있도록 언어에 가하는 작업이다. 말라르메는 위험을 무릅쓰고 자신의 글쓰기의 도박을 감행했다. 《창공》에서 《책》까지 그 여정은 길고도 고된 작업이었고, 엄청난 암초도 있었다. 《창공》에서는 고갈의 그늘이, 《이지튀르》에서는 작가적 작업의 형식주의가, 이 모두가 시인의 창작에 크나큰 장애였다. 그러나 결국 그 여정의 끝에는 《주사위 던지기》에서 표현된 언어의 기묘함과 이질성의 발견이 있었다.

그런데 1865년말 그의 글쓰기에 대체 무슨 일이 일어났는가? "당신이 옳았소. 나에게 우울은 거의 떠나 버리고, 내 시는 잔혹하고 고독하지만 빛을 발하는 그 색채들로 풍성해지고 그 파편들 위에 솟아 있소. 무기력이 정복당하고 내 영혼은 자유와 더불어 사라졌으니, 당신의 애정어린 예언에 감사하오. 그 예측이 물론 이런 부활로 태어났으니 말이오."[14] 이런 부활을 어떻게 해석하고, 그가 이 대-절대의 추구를 환기시켰던 그의 시 《불운》《창》《창공》들을 어떻게 읽을 것인가? 《창공》의 시구의 마지막 외침이 공통언어 "창공이여! 창공이여! 창공이여!"[15]에 대한 고뇌와 승리의 외침으로 느껴지는가? 이 시는 그에게 많은 고통[16]을 주었지만, 또한 아름다운 통사 배열에 대한 그의 작업을 추출할 수 있게도 해주었다. 꿈과 현실 사이의 구분이 더 이상의 의미[17] 없는 언어 영역, 이제는 더 이상 일상적이지는

---

14) S. 말라르메, 《서간집》, t. I, 〈1865년 12월 31일 미스트랄에게 쓴 편지〉, Paris, 1959, p.190.

15) S. 말라르메, 《전집》, 〈창공〉, Paris, Gallimard, Pléiade, 1945, p.37.

16) S. 말라르메, 《서간집》, t. I, 〈1864년 1월 카잘리스에게 쓴 편지〉, Paris, 1959, p.104.

않지만 입증할 수 있는 실재를 되찾기 위해 묘사[18]된 것 이상으로 초
래된 결과에 집착하기, 그런 게 시인이 바라던 것이었다. 고갈에 대
한 두려움과 현실에서 촉지할 수 있는 이해 사이에서 동요하는 말
라르메는 의사소통의 우연성에서 벗어나기 위해 모든 대화에 이상
적인 벡터를 단어 속에서 찾았던 것이다. 그 효과는 모든 수학적 결
합이 빠진 문법을 되찾기 위해 공통언어의 중압감으로부터 시인을
벗어날 수 있게 해주기 때문에 어떤 작업을 요한다.

　1865년 부활 이전 비록 이런 결과가 결코 극단적인 것은 아니라
고 하더라도 그런 결과를 모색했던 말라르메와 무관하지는 않았다.
즉 "너무 구체적인 의미는 너의 애매한 문학을 삭제한다."[19] 이런 그
의 활동기에 그는 "종족의 단어에 좀더 순수한 의미를 부여하기 위
해"[20] 단어에 관한 형태적 작업으로 언어의 절대성에 이르고자 한
다. 이상적인 재료인 단어에 가하는 작업은 이상적인 진리에 민감
하고 공통된 실재를 변환시키는 데 있다. "비열하기 때문에 실재적
인"[21] 것을 배제한다는 것, 그 속에서는 모든 실재가 용해되어 버리
는 《주사위 던지기》의 진정한 실재의 종말의 전율로, 당장에는 어떤
공통의 척도도 갖지 않는다. 말라르메는 언어가 독자에게는 이상적

---

17) 말라르메가 시인의 중압감(《장례의 축배》)에 대한 적으로서의 꿈을 환기시켰
을 때, 그는 시작 활동이 형식적인 작업 없이는 완수될 수 없다고 확신했다. 초공
들임이 없다면 그 꿈은 단순히 상상력에 대한 직접적인 전진으로 요약된다. 말라
르메적 난해성(연금술)이 상상력에 대한 랭보적 냉혹감과 만난다. **목마름의 코미디**,
'생각은 수치스럽다.' 꿈은 시인이 져야 할 책임의 적이다. 왜냐하면 그것은 현실
에 대한 자신의 일을 방해하기 때문에 poiein(시적 작업의 현실화) 없이 존재하는 시
인인 네르발과는 다르게 말라르메의 시는 poiein과 동시적이다.

18) S. 말라르메, *op. cit.*, 〈1864년 10월 카잘리스에게 쓴 편지〉, p.137.

19) S. 말라르메, 《전집》, 〈모든 압축된 영혼〉, **Paris, Gallimard**, 1945, p.73.

20) S. 말라르메, *op. cit.*, 〈에드거 포의 무덤〉, p.70.

21) S. 말라르메, *op. cit.*, 〈모든 압축된 영혼〉, p.73.

인 솔직함을 혹은 몽상을 드러내 보일 수 있는 힘을 갖고 있다고 생
각하기 때문에 여전히 언어의 물질성에 대한 작업을 하는 것이다.
이런 추구가 어쨌든 위험이 없지는 않다. 단어를 뒤죽박죽 반죽하려
고 했던 시인은 결국 이성을 잃어버리는 것으로 끝이 났다. 꿈에서
변한 현실의 단순한 수증자가 되기에는 아마도 너무 눈부시다. 아무
것도 주지 않는 자가 아무것도 받지 않는 것, 그것은 아마도 시인이
경계해야 하는 경고일 것이다. "내가 음악과 망각의 신비를 그와 나
사이에 쌓아올려야만 했을 때, 그것의 이상적인 노출 속에서 환상
을 보는 죄를 나는 2년간 범했다. 그리고 지금 순수 작품의 끔찍한
장면에 이르러서는 나는 가장 친숙한 파롤의 의미와 근거를 거의 잃
어버렸다."[22] 그러나 그런 것들이 말라르메가 단어에서 상징으로 넘
어가기 위해 끔찍하지만 도움이 되는 자신의 길을 계속 가는 데 방
해가 되지는 않는다. 단어는 참을성 있게, 그리고 침착하게 그렇게
세심하게 과학적으로 다듬어진 것이다. 말라르메는 자신에게 속하
지 않았던 것을 자칫하면 독점할 뻔한 초인처럼 좌절할 뻔했다. 이
런 관점으로부터 《주사위 던지기》 속에서의 주사위 투척은 선행 작
품 《이지튀르》에서 싹트고 있었던 시인의 자각을 굳건히 했다. 꿈이
라는 절대적 형식에 의해 표현의 가능성을 숙지한 후, 그는 존재의
발견이 가능한지 아닌지를 《주사위 던지기》 속에서 인정하는 것으로
끝맺고 있다. 그 발견은 소리 없는 우연을 부활시키는 단어쌓기를
거쳐 간다. 시인은 '덧없이 공명하는 골동품의 소멸'[23]처럼, 혹은 파

---

22) S. 말라르메, 《서간집》, t. I, 〈1868년 4월 20일 코페에게 쓴 편지〉, Paris,
1959, p.270.

23) S. 말라르메, 《전집》, 〈자신의 순결한 손톱의 마노에 드높이 불을 밝힌다〉,
Paris, Gallimard, 〈플레야드〉, 1945, p.68.

롤의 부질없음처럼[24] 수많은 경고 덕분에 아름다운 언어의 덫을 피할 줄 알았다. 단어는 침묵에의 접근처럼, 그러나 또한 감속하는 침묵에 관련됨 없이도 무언의 대화에 대한 개시로 명확해질 것이다. 사고는 부속품[25] 없이 쓴다는 것, 그것은 파롤이 단어 없이 실현되기 위해 본질화되는 순간이다. '형언할 수 없거나 가장 순수한 것은 단어가 없는 시'[26]와 니체[27]의 목소리가 없는 파롤에 대한 주제, 단어와 상반된 것처럼 나타나기는커녕 침묵은 반대로 '단어로 전제된 것'[28]이라고 썼던 모리스 블랑쇼가 얼마나 옳았는가! 생략[29] · 동시적[30] 비전과 근접[31]에서 나온 사고, 즉 우연[32]을 제거한 《책》의 배열 구조, 모두가 **침묵의 시**(Poème tu[33])를 구성한다. 그러나 **시적 대화**의 본질은 말라르메 시작의 주요 작품인 《주사위 던지기》 속에 있다.

6. 주사위 던지기는 결코 우연을 배제하지 않을 것이다

이 텍스트에 대한 읽기는 말라르메가 바라던 것처럼 파악되기 위

---

24) S. 말라르메, *op. cit.*, 〈이지튀르〉, p.451.
25) S. 말라르메, *op. cit.*, 〈시의 위기〉, p.363.
26) S. 말라르메, *op. cit.*, 〈기도〉, p.389.
27) F. 니체, 《차라투스트라는 이렇게 말했다》, Paris, Gallimard, 1971, p.166.
28) M. 블랑쇼, 《불의 몫》, 〈말라르메의 신화〉, Paris, Gallimard, 1949, p.42.
29) S. 말라르메, *op. cit.*, 〈주사위 던지기는 결코 우연을 배제하지 않을 것이다〉, p.455.
30) S. 말라르메, *op. cit.*, préface, 〈주사위 던지기는 결코 우연을 배제하지 않을 것이다〉, p.455.
31) S. 말라르메, *op. cit.*, 〈책에 대해〉, p.375.
32) S. 말라르메, *op. cit.*, 〈시의 위기〉, p.368.
33) S. 말라르메, *op. cit.*, 〈시의 위기〉, p.367.

해서는 구성 전체에 대한 동시적인[34] 시각을 요한다. 말라르메는 자신의 텍스트 속에 대화의 은밀한 순간, 지각할 수 없는 침묵 또는 의외의 문법, 평소와 다른 식자에 의한 형식을 가진 뒤섞인 장식을 자의적으로 넣었다. 말라르메의 새로움은 시문법을 활자화한 데 있다. 각 연은 활자 자체의 전형에서 만들어져 텍스트에 완벽하게 동화될 수밖에 없다. 눈에 띄는 이런 배치로부터 쪽번호 매기기는 배제되어 있다. 시작과 끝을 담당하는 것 사이의 동시성, 이 "책은 시작도 끝도 없다. 기껏해야 가장할 뿐이다."[35] 그런데 이것은 언어가 불러일으키는 '단편적인 멈춤'[36]을 금하지는 않는다. 모든 것은 시인이 단어의 표준 효과와 반대로 주도하는 갈등을 해석하는 데 있어 공통 언어의 불가능성을 입증해 주고, 아마도 또 첫번째 가설에 대해 영향을 미칠 것이다. 형식적 배열의 순서를 어기거나 일단 잊혀진 시(연)는, 글쓰기 행위의 기묘함이나 문체를 이야기하는 파롤의 도래를 위해 동질적이고 우연한 파롤의 표명을 거절한다. 가까스로 모면한 이야기는 할당없는 막연함을 청산할 수 없는 언어의 관성일 뿐이다. 위의 제목에 의하면 말라르메적인 주사위 던지기는 단 한번이고 결정적이다. 그는 단어를 사물의 본성과 연결하거나 단어를 자신의 사고의 공동체 속에서, 개인과 연결하는 대화 행위 속에서 파롤을 재창출했다. 바로 자기 자신에 의한 주사위 던지기는 아무것도 아니다. 그가 혼자일 때는 실패하지만, 그것이 성공하면 대화는 실현된다. 중요한 것은 그 자체의 주사위 던지기가 아니다. 반대로 주

---

34) S. 말라르메, *op. cit.*, préface, 〈주사위 던지기는 결코 우연을 배제하지 않을 것이다〉, p.455.

35) S. 말라르메, 〈책〉, édité par J. Scherer, fragment 181 A, Paris, 1957.

36) S. 말라르메, 《전집》, préface, 〈주사위 던지기는 결코 우연을 배제하지 않을 것이다〉, Paris, Gallimard, pléiade, 1945, pp.455-456.

사위를 던져서 문체의 선의 존재를 개인이 확신하는 것이다. 주사위를 던지면서 시인은 있을 수 있는 실패의 보호 아래 머물게 된다. 말라르메는 실제로 주사위 던지기와 그 결과로 생긴 주사위 던지기를 통해서만 자신의 작품을 확신한다. 그의 시각은 독특하고 던지기는 던지기가 이루어지는 조건에서만 문체의 선의 존재를 확신하기 때문에 주사위를 던지고 아니고의 선택의 가능성은 없다. 질 들뢰즈가 우연이 취소되었기[37] 때문에 주사위 던지기는 단지 성공적이라고 썼을 때는 문체에 관한 그의 작품이 사실상 던지기를 전멸시키는 성공적인 주사위 던지기에 의해서 이루어진다고 덧붙이는 것이 맞다. 주사위 던지기는 그것이 어떠하든 문체가 **무한한 우연** 또는 **위대한 사건의 침묵**에 의해 구체화되는 공통 언어 실패의 시작인 것이다.

"만약 그것이 수(성좌의 출구)였다면 그 이상일 수 없는 최악일 것이다. 덜하지도 그만큼도 아닌 일률적으로."[38] 말라르메가 언어에 관한 형식적인 작업에서 숫자에 독특한 특징과 효력을, 즉 예견된 계기를 부여한다고 할지라도 예를 들어 《이지튀르》는 주사위 던지기가 유발하는 비극적 상황을 전혀 변화시키지 않는다. 우연이 수라고 가정하면 이것이 치사한 셈에 의해 인간이 지배자임을 의미하는 것은 아니다. 또한 우연이 하나의 숫자에 다름이 아니라고 가정하는 것 역시 성공적인 결합이 결코 단순한 주사위 던지기로 압축되지는 않을 것이다. 말라르메가 환기시킨 별 모양의 출구는 성좌와 상관된다. 던지기의 필연성은 우연의 무효를 나타내지만, 우연은 또한 필연의 결합과도 상응한다. 수를 종속시킴으로써 세상을 속박한

---

37) G. 들뢰즈, 《니체와 철학》, Paris, PUF, rééd. 1977, p.38.
38) S. 말라르메, *op. cit.*, pp.472-473.

다고 생각했던 말라르메의 지배자나 니체의 초인은 억지로 굴복하
도록 강요받은 것이다. 우연이 지배자에게 수의 비밀을 갖게 만드는
것이 사실이라면 인간이 지닌 요소에 복종하지 않을 때 이런 비밀
이 무슨 소용이 있는가? 우리에게 도달한 단어들, 만들어지는 사고
들은 숫자들이고, 그런 식으로는 효과가 없고 문체의 선만이 실재
를 이해하는 수단이 될 것이다.

　말라르메에게 있어 주사위 던지기는 진부하고 일상적인데도 불구
하고 단 한번의 투척이 일종의 침묵의 장 혹은 하얀 대화, 즉 시인
이 그렇게 추구했던 글쓰기의 대화를 성공적으로 전사할 수도 있을
것이다. 모든 사고는 한번의 주사위를 던지지만 필연만큼 우연을
무효화하는 그들의 던지기를 성공시키기는 힘들다. 글쓰기의 죽음,
단어의 죽음은 차후 의사소통의 부재 순간에 대화 행위를 구체화시
키는 문체의 선에 의해 가능해진다. 대화는 랭보식의 우울한 현실의
비루한 실재와는 어떤 연관도 없는 진정한 현실을 그렇게 창출한다.
오바넬에게 쓴 편지에서 말라르메는 시로 이루어진 《에로디아드》의
개작에 대하여 친숙한 요소, 즉 시적 단어[39]에 의해 실재의 재정복에
대한 생각을 표현했다. "나는 한 송이의 꽃…… 모든 다발의 부재에
대하여 말한다."[40] 우연은 이어서 우연의 잠재력을 확신하게 될 필
연처럼 시적 단어의 잠재력에 대하여 확신하게 될 것이다. 주사위
던지기는 우연을 설득하기 위해서가 아니라 현실과의 화해를 위한
문체의 선이 존재하기 위해서는 필연적이다. 말라르메적인 우연은
니체가 **운명적 사랑**이라 부른 필연의 확신이다. 목적의 예속에서 벗

---

39) S. 말라르메, 《서간문》, t. I, 〈오바넬에게 쓴 편지 1865년 10월 16일〉, Paris,
Gallimard, rééd. 1959, p.174.
40) S. 말라르메, 《전집》, 〈시의 위기〉, Paris, Gallimard, 1949, p.368.

어난 우연은 또한 문체선의 회귀를 드러내는 것이다. 질 들뢰즈는 던지기가 비록 비극적[41] 사고의 비극적 시도이지만 그것이 필연에 의한 우연의 무효화가 말라르메에게는 존재하지 않음을 의미하는 것은 아니라고 인정했다. 만약 니체와 더불어 '이미 내 것이었던'[42] 것만 도래한다면 말라르메식의 주사위 던지기는 우연의 노출처럼 나타나기 때문에 필연일 것이다. 주사위 던지기는 숫자를 풀 수 없고 침묵하는 대화의 필연처럼 명확히 드러나는 우연을 재발견한다. 그래서 대화의 첫번째 기능이 소통하는 것이 아닌 것처럼 언어의 기능이 명명하는 것도 아니다. 그 기능은 반대로 문체의 시퀀스들을 제공하는 가능성처럼 입증된다. 공동체나 고립된 공유의 순간을 통해 인간을 인간답게 하는 것이 표현된다. 시적 대화는 아르토가 떠올린 **정의적-언어**에의 회귀 방식인 원시 언어 형태로 공통 파롤을 변형시킨다. 시인은 시적 작업의 고전적인 테마, 즉 일상 언어의 문턱 자체에서 확인되는 첫 언어의 노출을 부단히 모색한다. 이런 침식은 방언에서 표준어로 향하는 라보프의 사회언어학적인 분석에서 찾아볼 수 있는 변화를 연상시킨다. 문체선에서 구체적인 경우에 한 언어가 또 다른 언어로의 혹은 하나의 대화에서 또 다른 대화로의 이행, 즉 **언어 없는 2개어 병용**의 새로운 적용이 어떻게 실행되는지를 이해하는 것은 중요하다.

---

41) G. 들뢰즈, *op. cit.*, p.37.
42) F. 니체, *op. cit.*, 〈여행자〉, p.171.

7. 언어 없는 2개어 병용

　내면 언어의 그 내부 속성과 대화에 있어 이런 친밀성의 속성은 파롤이 소통하는 단순한 기쁨에 더 이상 만족하지 못하는 것처럼 쓰는 기쁨 속에서도 드러나지 않는다. 연속적인 변형체의 변조인 문체는 프루스트가 거론한 아르토의 **언어 없는 2개어 병용**만큼 외국어의 재발견을 끊임없이 재표명한다. 이런 끊임없는 변형체의 변조는 주체를 계속되는 말더듬이 상태로 유도한다. 언어의 첫번째 영역인 말더듬은 문학적이든 아니든 강렬하고, 모호하고, 뒤죽박죽이다. 작가는 자신의 목소리의 반향이 아니라 잃어버린 인간성의 심오한 영역인 일종의 신학적인 유도 없이 **성스러운 대화**를 되찾기 위한 반향 언어적인 담화를 더듬거리며 표명한다. 시적 대화 속에서는 그 결과가 윤리학의 재발견 또는 인간에게 있어 인간성의 재발견이 될 말하자면 목적론적 실마리가 될지도 모른다. 이런 첫언어는 그것을 창작하는 작가에게는 고유한 것이지만, 정신병자와는 다르게 진정으로 듣고자 하는 모든 이들에게는 공통된 것이다. 다중언어 사용자가 된다는 것은 하나의 언어에서 다른 언어로 넘어가는 것이 아니라 오히려 모든 임상적인 해석을 벗어나 사회적인 언어의 무대 올리기이다. 언어의 음성학적 가치가 아닌 주된 가치만을 고려한다. **문체를 갖다**, 달리 말하면 자신의 모국어 안에서 외국어를 성공적으로 만들어 내기 위해 **비-문체**로 작품화하기이고, 또한 일상언어가 더 이상 동질언어가 될 수 없게 끝나는 돌이킬 수 없는 붕괴 상태에 이르기 위한 것이다. 대화는 정서나 감정을 더 이상 아무것도 갖지 않는 상태, 말을 더듬거리는 중에 튀기는 이런 침, 헐떡이며 쓰는 이런 글쓰기, 심장의 이런 호흡, 순간들의 이런 외침과 유사하다. 이와 같은 대화의 시퀀스들은 문체의 단순한 실행에 대한 강렬한 비난이다. "문체는 나로 하여금 공포에 사로잡히게 하고, 내가 글을 쓸 때는 항상 그 두려움에 사로잡힌다. 그래서 내 모든 원고를 불태워 버려 나에게는 단지 호흡 곤란, 숨막힘, 질식을 연상시키는 것들만 남아 있다"[43]라고 아르토는 자신의 표현들로 숨막힘을 떠올렸던 것이다. 동사, 우연, 시적 대화, 침묵은 우선 도발적이고 격렬하며 거만한 단어를 표현하고, 이어서 중지된 보편성의 순간을 나타낸다. 이는 아르토 글쓰기의 **언어 없는 2개어 병용** 속에서 실제로 발견하는 중단된 대화의 시퀀스들이다. "2개어 사용자가 된다는 것, 단 하나의 언어 속에서, 유일무이한 언어 속에서…… 외국인이 된다는 것, 자기 자신의 언어 속에서…… 더듬거리며 말을 한다는 것, 단순히 파롤이 아니라 자신의 언어로 말을 더듬는 이로서…… 단 하나의, 그리고 동일한 랑그 안에서 2개 언어에 이르러야만 한다. 내 자신의 언어 안에 변이의 이질성을 부가해야만 한다."[44] 이런 언어의 급변하는 여러 가지 시퀀스들은 대화를 보호하려는 순간만큼 말을 하는 주체의 재구성 과정인 것이다. 언어의 동질성에 밀착되어 대화하는 것은 존재 이유의 제 열정과 광적인 본성을 확실히 잃어버리게 만들 수 있다. 대화의 다중 언어 상태는 여기에서는 **서로 죽이는 사랑스러운 목소리**들의 반향으로 유도하는 너무 과도한 말의 과잉, 결국 언어 소실 상태에 이르는 영원한 말더듬인 광기의 상태가 될 것이다. 성스러운 형식 속에서 대화가 이루어지는 중인 상태의 말더듬은

---

43) A. 아르토, 《전집》, 〈악인과 탄원〉, t. XIII, Paris, Gallimard, 1978, p.27.
44) C. 베네, G. 들뢰즈, 《중첩》, Paris, Éd. de Minuit, 1979, pp.106-107.

대사건의 시간만을 되찾기 위하여 소통의 규칙들을 무시하는 것일 지도 모른다.

8. 정신분열적 대화

언어의 무언 영역인 정신분열적 대화는 반향에 의해 작용한다. 첫 번째 초래된 반향은 기계적이고 기능적이며, 이것은 파롤이나 단어의 물리적 소리를 연상시킨다. 파롤의 경우는 대화자가 의미의 어떤 내용을 드러내 보이려고 하거나 현전을 알리기 위해 사용할 때 언어의 일상적인 현상을 취합하기 때문에 이해타산 없이 존재한다. 반대로 두번째는 그것의 부조화가 일종의 말더듬이, 즉 속으로 말하는 중얼거림을 만들어 낼 때까지 의미 작용과 문장의 질서정연한 배열을 혼란시키는 효과를 갖는 그런 해석 과정을 내세운다. 모국어도 외국어도 아닌 오히려 원시 언어가 단어를 울림으로써 신체를 폭파하게 만든다. 재료 속에 비늘처럼 촘촘히 배열된 분열적인 대화는 의미 내용과 의미를 만들어 내는 신체의 재료 자체의 차이를 만들어 내지는 않는다. 만들어지는 과정중인 언어의 이런 기이한 상태는 또한 우선적으로 언어의 일상적인 사용에 균열을 가하는 이런 정신의학적인 관점 속에서 갖는 대화의 정신분열증의 순간을 연상시킨다. 언어의 평범한 사용에서 생긴 균열, 대화가 만들어 내는 말의 소실(가사 상태)은 더 이상 그것을 인식할 수 없도록 더 이상 끝나지 않는 공통 단어를 반복함으로써 느끼는 인상, 즉 대화할 때 말하는 주체가 원시적인 첫번째 자기 질료를 단어가 되찾는 이런 균열의 상태로 유도한다. 대화를 전형화하는 것은 그 반대가 아니라 형성하는 분열적 태도인 것 같다. 대화 상태의 합목적성은 단어·언어·언어 활동의 왜곡에 적용될 것이다. 대화 행위의 끝만큼 처음에도 대화하는 주체는 볼프슨 자신의 임상 작업에서 치료의 순간인 독백하는 대화의 무언 부분에 언어 작업을 할 수도 있을 유출점을 찾아내기 위하여 언어, 언어들, 이런 (그들의) 언어들을 사용하는 식으로 약간은 언어의 분할 선을 건드릴 것이다.

대화하는 주체의 말에 관한 작업은 환상적이지도, 단순하게는 정신적인 것도 아닌 태도들로 국한시키는 것과는 관계없다. 오히려 대화에 의해 만들어진 긴장의 상태를 어떻게 인간이 자신의 언어 안에서 재발견할 수 있게 만드는지를 이해하는 것과 관련이 있다. 이 **언어 없는 2개어**는 말하자면 언어의 한 정점에서 다른 정점으로의 이행이 될 것이고, 이것은 끝이 없을 것이다. 이 끊임없는 왕래는 대화하는 주체를 캉캉춤의 방식으로 일종의 난잡함, 단어의 잘게 쪼개짐, 끝없이 생겨나는 말다툼, 교태만으로 표현된 말로 겨루는 순간에 이를 것이다. 그러므로 대화의 기교는 중단은 없지만 이 일상적인 실행이 단순한 형식적인 연습이 아니라 주체가 이성을 잃어버리는 모든 순간을 감내하는 순간임을 이해해야 한다. 대화는 시적 창조의 순간이라는 의미에서 분열적인 전형을 따라야 될 것이다. 아주 어린아이의 경우에 재잘거리는 시기가 자신의 언어를 형성하는 시간에 해당하는 것처럼 모국어에서 멀어지지 않고 현언어로 회귀하는 방식인 시적 행위는 언어의 독특하고 즉각적인 상태를 되찾게 해준다. 언어는 더 이상 일차적이지도 부차적이지도 않다. 언어는 살아 있다. 다시 말하면 원초적이다. 이런 숨가쁜 상황에서 그가 꼭 어딘가에 이르려 애쓰지 않고 모든 것을 부수려고 할 때 대화하는 주체는 의식적으로든 무의식적으로든 이것을 찾으려고 애쓴다. 그러나 이것이 그가 무턱대고 아무렇게나 말한다는 것을 의미하지는 않고, 그는 단순히 자신의 첫 문법의 근거를 찾는 것이다. 볼프슨의 경험에 대하여 들뢰즈는 "참지 않는다. 그의 어머니가 말씀하시는 걸 듣는 것을 참을 수 없다. 그녀가 뱉는 말 한마디는 그에게 상처를 주고, 그에게 파고들고, 그를 울리고, 그의 머릿속에 메아리가 되어 다시 튀어오른다. 문제는 그러므로 언어간 사전을 통해 외국어로 영어 단어를 전환할 수 있도록 언어를 배우는 것이다"[45]라고 썼다. 모국어로 발화된 각각의 단어는 볼프슨을 위협하고, 그를 공격과 학대의 착란 상태로 만든다. 그의 유일한 피난처는 유일한 실재를 되찾는 수단인 외국어 뒤로 그의 방어진지에 남아 있는 것이다. 볼프슨은 여기에서는 다양한 반향 언어[46] 형태의 정신분열적 대화의 병적 상태에 직면하고 있는 것이다. 그의 대화 상태는 사실 퇴행의 동의어도, 선-언어적 상태에로의 귀환의 동의어도 아니다. 파롤 작업의 실재의 폭로자이다. 그는 선행 태도의 재기억화인 반향 상태를 만들어 내야만 할 것이다. 베케트에서 아르토에, 블랑쇼를 거쳐 루이스 캐럴이나 클로델에 이르기까지 그런 글쓰기 상태의 예들은 많다. 문학적인 것뿐만 아니라 이런 저술들의 전체가 들뢰즈가 **분절 없는 언어**[47]라고 규정한 선호의 논리, 진정한 비문법성이지만 동시

---

45) G. 들뢰즈, 서문, 《정신분열증과 언어들》 de L. 볼프슨, Paris, Gallimard, 1970, p.11.

46) 언어 분열증의 형태들은 분절 방식·음색·목소리의 톤에 따라 다양하다. 더듬거리고 발음의 혼동을 주며 후음을 낼 수도 있는 파롤. 또한 요설증의 형태나 끊임없이 같은 단어를 반복하는 형태, 공허하고 단조로운 빈말투가 될 수 있는 형태들. 신조어, 비문, 단어의 왜곡, 대화 일관성의 단절에 대한 통사적 왜곡, 이해할 수 없는 은어(횡설수설) 또한 동반한다. 그리고 이런 착란의 가장 완성된 형태와 무언의 양상인 말의 수다증이 있다.

47) G. 들뢰즈, 《의미의 논리》, Paris, Éd. de Minuit, 1969, p.109.

에 언어의 새로운 문법인 삶의 외침이다.

열정-단어, 혼성어, 정의적-언어, 강세, 더듬거리는 대화 혹은 두서없는 대화, 이 모두가 여기에서는 언어의 이질성의 힘을 되찾기 위한 단어들의 배열, 동질적인 변이들로부터 벗어나기 위한 동일한 의지의 성질을 띠고 있다. 자신의 대화 상대자를 찾음으로써 추구하는 대화의 거의 병적인 상태가 이런 균열에 이르기 위한 수많은 가능성들 중의 하나로 머문다. 사교성의 절정은 대화의 대상으로서나 옆사람을 돋보이게 하는 사람으로서가 아닌 인간으로 재빨리 재발견될 대화 상대자가 잊혀진 순간에 자기 자신의 대화 속에 다시 잠기는 데 있을 것이다. 결국 인간성을 가진 인간을 재발견함으로써 우리의 무언의 독백 속에 우리를 빠져들게 하는, 이런 대화의 여정도 모르게 만들어진 기이한 발견이다. 무언의 또는 사랑의 대화는 인간의 실존에 대해서도, 자기 자신의 실재에 대해서도 확신이 없다. 나탈리 사로트의 《너는 널 사랑하지 않아》는 여전히 환상을 품게 될 이들의 귀에 이런 분명함이 떠나지 않고 계속 남는다.

결 론
조화에 대항하는 대위법: 음악적 대화

> 말이 너무 많은 자, 해가 된다.
>
> 크레티앵 드 트루아

이야기가 없는 사랑이 존재하지 않듯이 문제가 없는 대화도 있을 수 없다. 그렇지만 이야기가 빠진 사랑, 사랑이 없는 이야기, 어느 것이 더 나은 선택인가? 그래도 어쩌면 사랑도 이야기도 없는 **사랑의 이야기**이리라! 경험이 풍부하다고 할지라도 아무에게도 소용이 없고 경고에도 불구하고 여전히 같은 이야기, 같은 사랑, 같은 대화를 사람들은 되풀이한다. 인간의 본성인가, 사회적인 압력인가? 이런 상황에서 대화 행위와 사랑 이야기를 하나로 하는 관계를 무엇이라고 말하는가? 음악의 대위법이 해답의 실마리를 가져다 준다. 그것은 사랑의 이야기에서 일화적 측면을 잃어버리게 하거나, 대화에서 심리적인 일탈을 가져올 수도 있을 어떤 관계를 만든다.

대위법적 선율은 연속적인 멜로디의 얽힘으로 정의된다. 그 속에서 부차적인 구성의 동기가 제 고유한 실재를 보존하면서도 주요 구성의 동기와 중첩된다. 대위법으로 이루어진 음악의 인상은 들을 때 일종의 계속되는 왕복 운동을 떠올린다. 대위법은 선율의 존재 이유에 대하여 끊임없이 의문의 인상을 주는 끝없는 왕복 운동을 실행한다. 대위 선율이 사랑에 관한 한 돈 후안의 도를 넘어선 인간성도, 너무 몰인정한 것도 아닌 문제를 다시 고려하게 해준다. 돈 후안은 결코 사람들에게 타격을 입히지 않는다는 구실로 유혹을 중단하는 것이 가치 없는 일인지를 파란만장한 그의 삶에 대해 매순간 자문해보는 자는 아니다. 끊임없이 도망하면서 쉴 새 없이 유혹하도록 선고를 받은 자인 돈 후안은 결코 내용에 집착하지 않는다는 조건에서만 사물의 본질을 파악해야 되는 인물이다. 대위법이 음악적 흐름을 파악하듯이 대위법적 항은 자기가 어디로 흘러가고 있는지도 모르고, 어떤 구체적인 지점에 도달하려는 의지를 실제로 표현하지도 않고 청자에게 스스로 모색하는 인상을 주면서 시작된다. 대위법은 완성된 멜로디를 표현하기보다는 좀더 음악적인 인상의 가능성을 재각인시킨다. 반복, 소급적인 흐름은 끊임없이 존재하면서도 멈추고, 시작되면서 시작도 하기 전에 끝을 낸다. 대화도 다르지 않다. 대화는 어떤 구체적인 목표도 추구하지 않고, 어떤 합의를 도출하거나 정립하려고 들지도 않는다.

돈 후안의 잔인하고 비극적인 종말과는 먼 대위법적 선율이 탄생한다. 그 선율의 제 내면에서는 말러식의 변주에서부터 쇤베르크의 계열선에 이르기까지 모든 음악적 잠재성을 지니고 있다. 대위법에 관한 성찰에서 글렌 굴드는 "푸가는 현악 4중주 해석에 의해 두드러진——그리고 반박할 경우에——네 가수간의 음악적 대화이다"[1] 라고 쓰고 있다. 굴드에게는 대화가 이미지 남용도 짜임도 아닌 것처럼 푸가는 과정도 조직도 아니다. 오히려 실제 형식을 조직하는 첫

---

1) G. 굴드, 《작품 II — 대위 선율》, Paris, Fayard, 1985, p.144.

질료이다. 푸가는 아무런 파괴가 없는 붕괴 장치를 연출한다. 이런 붕괴는 음악가만큼 대화하는 주체에게도 살롱 대화에서 나오는 소리이거나 아름다운 하모니의 심리적인 효과를 부인하려는 의도에 사실상 부합한다. 푸가는 화자와 주어진 대답 사이의 교차 과정인 듣고 있는 주체와 말하는 주체 사이에 오가는 동일성, 동일한 효과를 낸다. 굴드는 게다가 대화에서처럼 **푸가의 기술**에 특수한 이런 유형의 기법이 "현대 인간의 의식 속에 심리적·청각적으로 감춰진"[2] 것임을 주목했다. 계속적인 움직임을 그렇게 만들어 낸 푸가는 대화처럼 더 이상 아름다운 곡선도 외양도 담론도 하모니도 규정하지 않지만, 대화자처럼 청자에게 인간의 창조적인 상상력의 자유로운 반향의 방식인 잠재적인 대답의 계기들을 재발견하게 만든다. 대위법 혹은 하모니, 무미건조 혹은 멜로디, 변주 혹은 주제, 바흐 혹은 모차르트, 지성 혹은 감정, 남성성 혹은 여성성, 이야기 혹은 사랑, 기다림 혹은 결과, 수직 혹은 수평인가? 결국 대화는 내재된 갈등의 자기 생명력을 갖고 있다. 그렇다면 그 결과로부터 무엇이 도래하는가? 당분간은 **신성한 하모니**가 거기에서는 중요하지 않더라도 주체를 보호할 줄은 알 거라고 단언하자.

  대화와 의사소통 사이의 대립으로부터 우리는 카르파초[3]와 동일한 《성스러운 대화》의 방식으로, 즉 음악적인 문장을 통해 무언의 대화, 결론이 될 수 있는 것에 이르게 되었다. 독특한 선——**대화**——이나 합의의 형태——**의사소통**——인 대화는 사실상 관계 영역에서 의사소통의 유린하고 속이는 효과와는 먼 분열 영역으로 우

---

2) G. 굴드, *op. cit.*, 147.
3) 세르가 이 그림에 대해 분석한 내용을 참조하라. 《카르파초의 미학》, Paris, Hermann, 1975, rééd. 〈포켓 북〉, Biblio-Essais, 1983.

리를 이끄는 것 같다. 대화는 대위법과 같은 방식으로 진행된다. 말하는 주체를 위해 의미나 진실을 가진 말을 배치하기 위한 최상의 순간의 기다림! 영혼도 유머도 없는 기계적인 리토르넬로나 재생되는 정보처리화된 음악의 선율에 그것을 한정시키지 않는다면, 독창성 없는 창조적 표현인 대위법은 **성스러운 대화**의 방식으로 무언의 시퀀스 속에서 완성되기 위한 모든 구술 표현을 내면에 압축한 강렬한 공유의 순간, 대화 행위의 독특한 본성에 대한 해답을 가져다준다.

사랑의 이야기 속에서는 사랑 그 이상으로 이야기가 중요하다. 사랑에 빠진 열정의 대변자의 모습을 한 줄리엣은 자기 자신의 이야기를 구축하는 것과 동시에 그녀와 로미오 사이의 긴장의 상황을 만들어 낼 줄 알았다. 그녀의 이야기는 사랑의 대화에 있어 **절대적인 조건**이 된다. 결혼 적령기의 젊은 여자인 줄리엣은 처음에는 사려 깊은 여자였다. 거의 수동적인 그녀는 사물의 흐름과 사건에 의해 이리저리 끌려다녔지만 아주 빠르게 이야기의 조종자이면서 중심 인물로 변해 가고, 상황을 감내하는 데 있어 더 이상의 문제가 없다. 대위선은 그와 유사한 인상을 표현해 낸다. 바흐의 음악 작품을 처음 들었을 때 분절법은 주제의 외재성에서 초래되는 것 같고, 청취는 거의 일화적으로 변해 버리지만 좀더 주의를 갖는다면 청취자와 음악 사이의 관계가 달라졌다. 음악이 이해되기 위해 심사숙고되었던가, 청취가 가능하도록 지성화되었다는 것인가? 그런 것은 어떤 것도 이루어진 바 없다. 차라투스트라식으로 단순히 기다릴 줄 알아야만 되고, 사라지는 멜로디의 음향 효과를 기다리고, 희미해지는 심리적 긴장을 기다릴 줄 알아야 한다. 그리고 결국 도래한 순간이 반드시 청취의 위급한 순간이 아님을 인정해야만 한다. 기다릴 줄 안다는 것은 듣는 노력을 이미 한다는 것과 그런 순간이야말로 대화의 중대함을 잘 아는 것이다. 기다림, 결국 그것은 타인의 말에 주의를 기울일 준비가 되어 있음을 뜻하기도 한다. 어쨌든 인간이 자신의 위치나 본성을 재발견하고 참여하는 이런 대화의 주요한 순간들은 항상 전달된 정보의 내용이 중요한 그런 순간과 일치하지는 않는다.

《성스러운 대화》(208쪽 참조) 속에서 카르파초는 이런 방식의 구도를 구축했다. 그는 살롱의 대화이든 지식인의 대화이든 성스러운 대화의 여러 요인들을 한눈에 개괄하고 있다. 현 경우에는 충격적이지만, 그러나 동시에 안심이 되는 것은 바로 그 제목이 《성스러운 대화》이기 때문이다. 연출된 모든 인물들 중에서 어느 누구도 말을 하지 않고, 쳐다보지도 않으며, 타인들과 말을 나누지도 않는다. 그림은 대화를 다루지만 **우선** 누구도 말을 하지 않는다. 여기에는 어떤 역설도 없다. 단지 암시의 말이나 침묵, 독특한 대화 상태의 재인식만이 있다. 현시대는 텔레커뮤니케이션(원격소통)을 통한 여정이 율리시스-텔레마코스-페넬로페-나르키소스-에코라는 특이한 계보를 만들었다. 《성스러운 대화》의 여정은 여전히 불가사의로 남아 있다. 율리시스-페넬로페 커플에서는 소통의 전통적인 구도의 접합 인물인 페넬로페의 형상이 관계들을 정한다. 그녀는 율리시스의 진행에 맞추어 소통망을 연결하고 또 단절한다. 페넬로페는 소통하는 인간으로 스스로를 가두는 덫처럼 이루어진 일련의 망(네트워크)을 짠다. 페넬로페의 자수는 우리의 소통 상태의 역설적인 구도와 다르지 않다. 그러므로 주체가 소통을 더 할수록 말은 덜한다.

카르파초와의 문제는 아주 딴판이다. 그와는 소통적인 또 다른 상황을 연출하는 것과 관련이 있다. 무언의 대화 상태와 동시에 사교적 대화의 상태. 요셉, 성녀 안나, 세례 요한, 그리스도, 성모 마리아, 성녀 엘리자베스, 자카리는 왼쪽에서 오른쪽으로 모두 연결되지 않은 채 이어져 있다. 아주 전통적인 이 구도는 소통의 모든 문제를 한 사람에게 압축시키는 중심 인물, 성모 마리아 주변으로 배치가 된다. 모든 사람은 침묵을 하고 있는데, 그 이유는 모든 사람이 모두의 말을 듣고 있기 때문이다. 이런 공유된 대화의 순간들은 음악적 대위법의 기제가 연상시키는 침묵의 순간들이다. 대위법이 차이 속에서 동일함의 회귀 방식으로 결코 반복적이지는 않지만 창조적인 그 효과의 음악적 흐름으로 끊임없이 연주하듯이 카르파초의 《성스러운 대화》는 동일한 상호성과 동일한 배열을 표현한다. 그런 그림을 이해하기 위해서는 카르파초가 나온 베네치아라는 지형학적 지표를 이해해야만 한다. 등방성이 아닌 장소의 합으로 베네치아는 진정한 제 본성으로 대화를 만들어 낸다. **성스러운 대화**가 그 속에서 개인이 말하도록 강요하지 않는 의사소통의 새로운 유형학인 것처럼 베네치아는 파선(破線)이 가장 짧은 새로운 지형학을 그 속에서 제안한다. 가장 복잡한 길이 꼭 가장 꼬불꼬불한 길만은 아닌 각자가 우회도로를 이용하는 베네치아의 다리들은 고프먼의 운명의 매개자 역시 예고하고 있다. 카르파초에게 베네치아의 다리들은 관계를 수립하려고 애쓰는 개인들을 통행하게 만든다. 카르파초가 성스럽다거나 침묵하는 것으로 형용한 대화의 공간을 통해 다른 고립군들을 하나로 만드는 것과 관련이 있다. 이런 공간들이 효과적으로 공유될 때 성공의 순간으로 남는다. 고립의 장소인 베네치아에서 인물들은 격리되어 있지만 그들 사이에서 서로 이야기한다. 미셸 세르가 주목했다시피 이런 관계는 그림의 중앙에서부터의 특이한 사각 모양 덕분에 가능해진다.

다섯 인물이 위로는 성모 마리아, 아래로는 세례 요한, 오른쪽과 왼쪽의 각 면 위에는 음악을 연주하고 있는 천사들, 중앙에는 어린 예수의 구도로 되어 있어 인물 각자는 대화가 진행되는 방식으로 구체적인 역할을 하고 있다. 이 제목에서 모든 인물들은 대화의 지표를 가지고 있으며, 지형학적 분석은 이런 침묵의 대화 공간에 대한 가장 압축된 순간, 예수의 모습을 향해 모두가 집중하고 있음을 보여준다. **순수 시니피에**라는 그 표현 속에 하느님의 말씀이 존재하는 것이다. 어떤 신호도, 어떤 징후도, 어떤 우연성도, 어떤 소통의 지표로도 귀착하지 않는 말씀이다. 순수 시니피에인 카르파초의 대화는 기표의 불규칙한 총체, 소통의 우연성을 벗어 버릴 줄 알았다. 그러나 《성스러운 대화》의 순수 시니피에가 실현되기 위해서 메시아를 알리지만 어느 누구도 듣지 않고, 말하는 자, 세례 요한의 순수한 목소리든, 하느님의 말씀[4]에 생명을 불어넣는 순수 질료인 성모 마리아든 사각틀 각 면 위의 두 천사들의 순수한 음악의 시그널처럼 장소를 통해야만 한다. 태초에 말씀이 있었고, 태초에 행위가 있었으며, 종말에는 대화가 나타난다. 이미 침묵의 외로운 대화이다. 대화가 시작되기 전에 카르파초는 존재들간의 대화에서 도래할 것에 대하여 우리들에게 생각해 보도록 한다. 그는 두 공간 사이의 소통과 두 주체간의 대화의 관념에 대해서도 방문객이 자문해 보도록 권한다.

---

4) M. 세르, *op. cit.*, pp.23-24: "시연이 시작된다. 세례자, 성녀 마리아, 그리고 두 아기 천사가 사각틀의 꼭대기에서 날고 있고, 그리스도는 그 대각선의 교차점에 앉아 있다……. 자신의 의미화된 살 속에, 자기 의미의 살 속에, 의미화하는 그의 부름 속에, 빔과 힘의 공간 사이에서, 자기 음악의 시그널 속에서…… 말씀은 성스러운 대화의 열매이고, 말씀은 생성의 틀에 의해서, 그리고 그 틀 속에서 만들어졌다."

　동일한 주제에 관한 존 케이지의 작품인 《4분 33초》는 대위법적 선율, 무언의 대화들, 침묵의 공간에 대한 상보성을 잘 보여준다. 1952년의 이 작품은 1951년에 《변화의 음악》에서 시작된 여정 속에 들어간다. 그 속에서 그는 모든 요소들간의 관계를 우연으로 결정하는 지속·볼륨·휴지·잡음의 소리 목록을 작성하게 된다. 그런 시도에 고무된 케이지는 음악 제작에 있어 근원적 시도인 그의 유명한 《4분 33초》를 불확실한 우연에 전적으로 따름으로써 제작한다. 이 작품에 쓰인 해석은 일련의 로마 숫자와 이 숫자들 아래로 다소 긴 순간이 지속되는 악기의 계속되는 침묵을 의미하는 음악 용어인 휴지 형식을 보여준다. 그 부분은 총합이 4분 33초가 되는 33초, 2분 40초, 1분 20초로 구성되어 있다. 어떤 악기로도 연주될 수 있는 이 무언의 작품은 단순한 예술적인 유희를 넘어선다. 케이지로서는 음악에서의 침묵은 존재하지 않음을 보여주는 것이다. 사실 이 부분의 지속 시간은 침묵이든 아니든 하나의 틀을 이루는데, 이것을 통해 뜻밖에 악기든 청자의 여러 가지 지각이든 어느 정도 하모니를 이룬 앙상블이 된다. 그 혼합은 청자의 심리적 인상처럼 합리적인 결정으로 외부의 소리나 악기처럼 상보적인 순간들과 관계를 맺기 때문에 중요한 역할을 여기에서 하는 우연, 즉 순간의 우연에 따라서 이루어진다.

　이런 여러 요소들간의 결합은 하나의 공간을 배치하는데, 그 속에서는 음악적 추구이든 무언의 대화이든 창조의 계기들이 가능하다. 문제는 음악이 우세한지 아닌지, 침묵이 단어에 확산되는지 아닌지를 아는 것이 더 이상 아니다. 오히려 개인이 자신에게 고유한 행위들로 자유롭게 된 공간들을 은폐할 수 있는 방식에 전념한다는 것이 적합하다. 음악처럼 대위법적이든 아니든, 말해진 것이든 침묵

이든 대화는 사회적 삶의 형식적인 실행의 한계를 넘어선다. 상호
적이고 일상적인 단순 행동 그 너머로 가려는 욕망을 표현하는 무
한한 추구 그 이상과 관련이 있다. **대화의 기술**은 우리의 사교적인
태도가 혜택을 입는 규율이고 유서이다. 대화는 스스로 닫히는 다
리이고, 스스로 열리는 문이다.

그 림

카르파초, 《성스러운 대화》, 아비뇽, 프티팔레박물관

《가면 무도회, 불멸의 카니발》, 프랑스국립도서관 소장

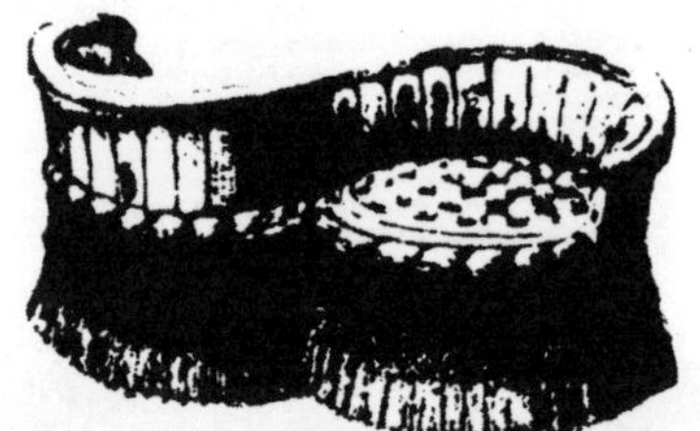

콩피당

앵디스크레

소시아블

르네 마그리트, 《대화의 기술》

마티스, 《대화》

참고 문헌

Adorno T., *Malher*, Paris, Éd. de Minuit, 1976.

Antonioni M., *La nuit, l'histoire du film*, Paris, Buchet—Chastel, 1961.

Aristote, *La Métaphysique*, Paris, Vrin, 1974.

Aristote, *La Physique*, Paris, Belles Lettres, rééd. 1973.

Aristote, *La Rhétorique*, Paris, Belles Lettres, 1961.

Artaud A., *Œuvres complètes*, t. XIV: *Suppôts et suppliciations*, Paris, Gal—limard, 1978.

Artaud A., *Œuvres complètes*, t. IX: *Lettres de Rodez*, Paris, Gallimard, 1971.

Bataille G., *L'expérience intérieure*, Paris, Gallimard, 1979.

Bataille G., *Le bleu du ciel*, Paris, UGE, 1970.

Bataille G., *Œuvres complètes*, t. VI: *Sur Nietzsche*, Paris, Gallimard, 1973.

Baudelaire C., *L'Art romantique*, Paris, G—F, 1968.

Baudelaire C., *Les Fleurs du mal*, Paris, Laffont, 1986.

Baudrillard J., *Amérique*, Paris, Livre de poche, 1986.

Beaumarchais, *Théâtre. Le Mariage de Figaro*, Paris, Ditot, 1874.

Bene C., Deleuze G., *Superpositions*, Paris, Éd. de Minuit, 1979.

Blanchot M., *La part du feu. Le mythe de Mallarmé*, Paris, Gallimard, 1949.

Blanchot M., *Le livre à venir*, Paris, Gallimard, 1959.

Borges J.-L., *Fictions*, Paris, Gallimard—Folio, 1987.

Bourdieu P., ⟨L'Économie des échanges linguistique⟩, *La langue française*, mai 1977, n° 34.

Bourdieu P., *Le sens pratique*, Paris, Éd. de Minuit, 1980.

Büchner G., *Woyzeck*, Paris, L'Arche, 1953.

Buffon G., ⟨Le Discours sur le style⟩, *Discours académiques*, Paris, 1866.

Buffon G., *Histoire naturelle*, Bruxelles, Éd. Lejeune, 1828.

Canguilhem G., *La connaissance et la vie*, Paris, Vrin, 1985.

Chomsky-Ronat, *Dialogues*, Paris, Flammarion, 1976.

Cocteau J., *La Voix humaine*, Paris, Stock, rééd. 1983.

Condorcet, *Esquisse d'un tableau historique*, Paris, Garnier-Flammarion, 1988.

Cosnier J., Kerbrat C., ⟨Décrire la conversation⟩, *Linguistique et sémiologie*, Presses Universitaires de Lyon, 1987.

Deleuze G., ⟨Le devenir révolutionnaire et les créations politiques⟩, *Futur Antérieur* n° 1, Paris, L'Harmattan, 1990.

Deleuze G., *Proust et les signes*, Paris, PUF, 1964.

Deleuze G., Guattari F., *Mille Plateaux*, Paris, Éd. de Minuit, 1980.

Deleuze G., Guattari F., *Qu'est-ce que la philosophie?*, Paris, Éd. de Minuit, 1991.

Deleuze G., *L'image-temps*, Paris, Éd. de Minuit, 1985.

Deleuze G., *La logique du sens*, Paris, Éd. de Minuit, 1969.

Deleuze G., *Nietzsche et la philosophie*, Paris, PUF, rééd. 1977.

Diogène Laërce, *Vie, doctrines et sentences des philosophes illustres*, Paris, G-F, 1965.

Dostoïevski F., *L'Éternel Marie*, Paris, Gallimard, rééd. 1988.

Encrevé P., ⟨Présentation de la sociolinguistique⟩, *La Langue française*, mai 1977, n° 34.

Flaubert G., *Œuvres*, Paris, Gallimard, 1951.

Foucault M., *Ceci n'est pas une pipe*, Montpellier, Fata Morgana, 1973.

Foucault M., *L'archéologie du savoir*, Paris, Gallimard, 1969.

Foucault M., *L'ordre du discours*, Paris, Gallimard, 1975.

Foucault M., *La pensée du dehors*, Paris, Fata Morgana, 1986.

Foucault M., *Les mots et les choses*, Paris, Gallimard, 1966.

Freud S., ⟨Pour introduire le narcissisme⟩, *La vie sexuelle*, Paris, PUF, rééd. 1982.

Goffman E., *Façons de parler*, Paris, Éd. de Minuit, 1987.

Goffman E., *La mise en scène de la vie quotidienne, Présentation de soi*, Paris, Éd. de Minuit, 1973.

Goffman E., *Les cadres de l'expérience*, Paris, Éd. de Minuit, 1991.

Gould G., *Écrit II. Contrepoint à la ligne*, Paris, Fayard, 1985.

Gracian B., *L'homme universel*, Paris, Plasma, 1980.

Guazzo S., *La civile conversation*, Lyon, Jean Béraud, 1579.

Gumperz J., *Engager la conversation*, Paris, Éd. de Minuit, 1989.

Heidegger M., *Approche de Hölderlin*, Paris, Gallimard, 1973.

Heidegger M., *Essais et conférences*, Paris, Gallimard, 1958.

Heidegger M., *Qu'appelle-t-on penser?*, Paris, PUF, 1959.

Héraclite d'Éphèse, *Les Penseurs grecs avant Socrate*, Paris, Garnier, 1964.

Hergé, *Les bijoux de la Castafiore*, Paris, Casterman, 1962.

Jacques F., *Dialogiques*, Paris, PUF, 1975.

Jacques F., *L'espace logique de l'interlocution*, Paris, PUF, 1985.

Jakobson R., *Essais de linguistique générale*, Paris, Minuit, 1974.

Jankélévitch J., *Le Je ne sais quoi et le Presque rien. La manière et l'occasion*, Paris, Seuil, 1980.

Kant E., *Anthropologie d'un point de vue pragmatique*, Paris, Vrin, 1984.

Kant E., *Critique de la faculté de juger*, Paris, Vrin, 3ᵉ éd., 1974.

Kristéva J., *Histoire d'amour*, Paris, Denoël, 1983.

La Bruyère, *Les Caractères*, Paris, Garnier, 1986.

La Rochefoucauld, *Maximes, réflexions diverses. De la conversation*, Version Brotier, Paris, Garnier, 1967.

Labov W., *Sociolinguistique*, Paris, Éd. de Minuit, 1976.

Levi-Strauss C., *Anthropologie structurale*, Paris, Plon, 1958.

Magritte R., *Écrits complets*, Paris, Flammarion, 1979.

Mallarmé S., *Correspondances*, Paris, Gallimard, rééd. 1959.

Mallarmé S., *Le ⟨Livre⟩* édité par J. Scherer, Paris, Gallimard, rééd. 1957.

Mallarmé S., *Œuvres complètes*, Paris, Gallimard, 1945.

Melville H., *Bartleby*, Paris, G–F, 1989.

Nietzsche F., *Ainsi parlait Zarathoustra*, Paris, Gallimard, 1971.

Nietzsche F., *Le Gai Savoir*, Paris, Gallimard, 1975.

Nietzsche F., *Fragment posthumes*, Paris, Gallimard, 1977.

Ovide, *Les Métamorphoses*, Paris, Belles Lettres, 1969.

Pascal, *Les Pensées*, Éd. Brunschvicg, Paris, Hachette, 1950.

Pasolini P., *L'expérience hérétique*, Paris, Payot, 1976.

Passerone G., *La linea astratta*, Milan, Guerini Editore, 1991.

Paulhan J., *Braque, le patron*, Genève, 1946.

Platon, *Le Banquet*, Paris, Gallimard, 1950.

Priogine I., Stengers I., *La nouvelle alliance*, Paris, Gallimard, 1979.

Roullet E., ⟨Échanges, interventions et actes le langage dans la structure de la conversation⟩, *Études de linguistique appliquée*, janvier–mars 1981, n° 44.

Rousseau J.-J., *Les Rêveries d'un promeneur solitaire*, Paris, G–F, 1964.

Sarraute N., *L'usage de la parole*, Paris, Gallimard, 1985.

Sarraute N., *Tu ne t'aimes pas*, Paris, Gallimard, 1989.

Sartre J.-P., *L'idiot de la famille*, Paris, Gallimard, 1972.

Sempé, *Par avion*, Paris, Denoël, 1989.

Sennett R., *Les tyrannies de l'intimité*, Paris, Le Seuil, 1979.

Serres M., *Hermès* II, Paris, Éd. de Minuit, 1972.

Serres M., *Esthétiques sur Carpaccio*, Paris, Hermann, 1975.

Simmel G., ⟨Sociologie de la sociabilité⟩, *Urbi*, III, 1980.

Simmel G., *Philosophie de l'amour*, Paris, Rivages Poche, 1988.

Simmel G., *Sociologie et épistémologie*, Paris, PUF, 1981.

Tarde G., *Écrits de psychologie sociale*, Toulouse, Privat, 1973.

Thérèse d'Avilla, *Œuvres complètes*, Paris, Desclée de Brouwer, 1964.

Valéry P., ⟨Lettre à Clédat⟩, *Revue de philologie française*, n° 40, 1928.

Wolfson L., *Le Schizo et les langues*, Paris, Gallimard, 1970.

알랭 밀롱
프랑스의 사회학자
저서: 《정보의 가치: 부채와 증여, 그리고 도시의 외국인》
《랩에서 그래피티까지》(1999, PUF) 등

공정아
부산대학교 불어불문학과 박사 수료
역서: 《지각》(東文選)

대화의 기술

초판발행 : 2005년 4월 30일

東文選
제10-64호, 78. 12. 16 등록
110-300 서울 종로구 관훈동 74번지
전화 : 737-2795

편집설계 : 李妊旻

ISBN 89-8038-535-8 94700
ISBN 89-8038-000-3(세트/문예신서)

東文選 文藝新書 153

시적 언어의 혁명

줄리아 크리스테바

김인환 옮김

미셸 푸코는 《말과 사물》에서 19세기 이후 문학은 언어를 자기 존재 안에서 조명하기 시작하였고, 그런 맥락에서 횔덜린·말라르메·로트레아몽·아르토 등은 시를 자율적 존재로 확립하면서 일종의 '반담론'을 형성하였다고 지적한다. 그러한 작가들의 시적 언어는 통상적인 언어 표상이나 기호화의 기능을 초월하기 때문에 다각적이고 종합적인 연구를 필요로 한다. 본서는 바로 그러한 연구를 구체적으로 보여 주는 시도이다.

20세기 후반의 인문과학 분야를 대표하는 저작 중의 하나로 꼽히는 《시적 언어의 혁명》은 크게 시적 언어에 대한 일반적인 특징을 종합한 제1부, 말라르메와 로트레아몽의 텍스트를 분석한 제2부, 그리고 그 두 시인의 작품을 국가·사회·가족과의 관계를 토대로 연구한 제3부로 구성된다. 이번에 번역 소개된 부분은 이론적인 연구가 망라된 제1부이다. 제1부 〈이론적 전제〉에서 저자는 형상학·해석학·정신분석학·인류학·언어학·기호학 등 현대의 주요 학문 분야의 성과를 수렴하면서 폭넓은 지식과 통찰력을 바탕으로 시적 언어의 특성을 다각적으로 조명 분석하고 있다.

크리스테바는 텍스트의 언어를 쌩볼릭과 세미오틱 두 가지 층위로 구분하고, 쌩볼릭은 일상적인 구성 언어로, 세미오틱은 원초적이고 본능적인 언어라고 규정한다. 그리하여 시적 언어로 된 텍스트의 최종적인 의미는 그 두 가지 언어 층위의 상호 작용에 의해서 결정된다고 본다. 그리고 시적 언어는 표면적으로 보기에 사회적 격동과 관계가 별로 없어 보이지만, 실상은 사회와 시대 위에 군림하는 논리와 이데올로기를 파괴하는 힘이 있다는 것을 말라르메와 로트레아몽의 《말도로르의 노래》에 대한 연구를 통하여 증명한다.

東文選 文藝新書 191

그라마톨로지에 대하여

자크 데리다

김웅권 옮김

"언어들은 말하기 위해 만들어지고, 문자 언어는 음성 언어에 대리 보충의 역할만을 한다……. 문자 언어는 음성 언어의 대리 표상에 불과하다. 사람들이 대상보다 이미지를 규정하는 데 더 많은 주의를 기울이는 것은 기이한 일이다." — 루소

따라서 본서는 기이함을 드러낼 수밖에 없는 책이다. 그러나 그 이유는 문자 언어에 모든 주의를 기울임으로써, 이 책이 문자 언어로 하여금 근본적인 재평가를 받게 하기 때문이다. 그런 만큼 총칭적 '논리 자체'로 자처하는 것의 가능성을 사유하기 위해 그것(그러한 논리로 자처하는 것)을 넘어서는 일이 중요할 때, 열려진 길들은 필연적으로 상궤를 벗어난다. 이 논리는 다름 아닌 상식의 분명함에서, '표상'이나 '이미지'의 범주들에서, 안과 밖, 플러스와 마이너스, 본질과 외관, 최초의 것과 파생된 것의 대립에서 안정적 입장을 취하면서 음성 언어와 문자 언어의 관계를 규정하게 되어 있는 논리이다.

우리의 문화가 문자 기호에 부여한 의미들을 분석함으로써, 자크 데리다가 또한 입증하는 것은 그것들의 가장 현실적이면서도 때때로 가장 눈에 띄지 않은 파장들이다. 이런 작업은 개념들의 체계적인 '전치'를 통해서만 가능하다. 실제, 우리는 "문자란 무엇인가?"라는 질문에 야생적이고 즉각적이며 자연발생적인 어떤 경험에 '현상학적' 방식으로 호소함으로써 대답할 수는 없을 것이다. 문자(에크리튀르)에 대한 서구의 해석은 경험·실천·지식의 모든 영역들을 지배하고, 사람들이 그 지배력으로부터 해방시킬 수 있다고 생각하는 질문——"그것은 무엇인가?"——의 궁극적 형태까지 지배한다. 이러한 해석의 역사는 어떤 특정 편견, 위치가 탐지된 어떤 오류, 우발적인 어떤 한계의 역사가 아니다. 그것은 본서에서 '차연'이라는 이름으로 인지되는 운동 속에서 하나의 종결된 필연적 구조를 형성하고 있다.

東文選 文藝新書 170

비정상인들

1974-1975, 콜레주 드 프랑스에서의 강의

미셸 푸코

박정자 옮김

비정상이란 도대체 무엇일까? 하나의 사회는 자신의 구성원 중에서 밀쳐내고, 무시하고, 잊어버리고 싶은 부분이 있다. 그것이 어느 때는 나환자나 페스트 환자였고, 또 어느 때는 광인이나 부랑자였다.

《비정상인들》은 역사 속에서 모습을 보인 모든 비정상인들에 대한 고고학적 작업이며, 또 이들을 이용해 의학 권력이 된 정신의학의 계보학이다.

콜레주 드 프랑스에서 1975년 1월부터 3월까지 행해진 강의 《비정상인들》은 미셸 푸코가 1970년 이래, 특히 《사회를 보호해야 한다》에서 앎과 권력의 문제에 바쳤던 분석들을 집중적으로 추구하고 있다. 앎과 권력의 문제란 규율 권력, 규격화 권력, 그리고 생체-권력이다. 푸코가 소위 19세기에 '비정상인들'로 불렸던 '위험한' 개인들의 문제에 접근한 것은 수많은 신학적·법률적·의학적 자료들에서부터였다. 이 자료들에서 그는 중요한 세 인물을 끌어냈는데, 그것은 괴물, 교정(矯正) 불가능자, 자위 행위자였다. 괴물은 사회적 규범과 자연의 법칙에 대한 참조에서 나왔고, 교정 불가능자는 새로운 육체 훈련 장치가 떠맡았으며, 자위 행위자는 18세기 이래 근대 가정의 규율화를 겨냥한 대대적인 캠페인의 근거가 되었다. 푸코의 분석들은 1950년대까지 시행되던 법-의학감정서를 출발점으로 삼고 있다. 이어서 그는 고백 성사와 양심 지도 기술(技術)에서부터 욕망과 충동의 고고학을 시작했다. 이렇게 해서 그는 그후의 콜레주 드 프랑스 강의 또는 저서에서 다시 선택되고, 수정되고, 다듬어질 작업의 이론적·역사적 전제들을 마련했다. 이 강의는 그러니까 푸코의 연구가 형성되고, 확장되고, 전개되는 과정을 추적하는 데 있어서 결코 빼놓을 수 없는 필수 불가결의 자료이다.

東文選 文藝新書 223

담화 속의 논증

루스 아모시

장인봉 [외] 옮김

어떻게 상대방을 설득할 것인가? 이는 사용하는 형태나 수단에 관계 없이 모든 의사 소통이 공통적으로 추구하는 바이다. 특히 언어 활동을 통한 의사 소통에서는 나와 의견이 다르거나 무관심하던 '그들'을 나에게 공감하는 '우리'로 만들기 위해 끊임없이 언어로부터 풍부한 자원을 끌어온다.

전통적으로 고대 그리스의 수사학은 이런 설득술을 중시하였다. 하지만 수 세기를 거치면서 수사학은 논증 차원이 배제되고 표현에만 치중하는 말장난으로 폄하되는 수모를 감수해야 했다. 다행히 뒤늦게나마 20세기 중반부터 시작된 수사학에 대한 재평가와 함께 논증에 대한 연구도 활성화되고 있다. 이 책의 저자 루스 아모시 교수는 수사학적 전통과 화용론을 토대로 논증을 연구한다. 화자에 의한 언어 활동으로서의 '담화' 안에서 진행되는 논증 작용을 보여 주기 위해 다양한 장르의 담화를 분석 대상으로 삼는다. 국회 연설, 여성 운동 전단지, 신문이나 잡지에 실린 논쟁, 문학 작품에 이르기까지 그 대상은 다양하다. 따라서 논증에 쓰인 발화 작용 장치를 연구하는 화용론뿐 아니라, 청중을 설득하고자 하는 정치·법정·광고 등 각 분야에서 참고할 만한 좋은 읽을 거리를 제공할 것이다.